国防生任职参考

李春雷　曲凤桐　编著

中国海洋大学出版社
·青岛·

图书在版编目(CIP)数据

国防生任职参考 / 李春雷,曲凤桐编著. —青岛:
中国海洋大学出版社,2012.11
ISBN 978-7-5670-0145-9

Ⅰ.①国… Ⅱ.①李…②曲… Ⅲ.①部队管理教育—中国 Ⅳ.①E224

中国版本图书馆 CIP 数据核字(2012)第 243391 号

出版发行	中国海洋大学出版社	
社　　址	青岛市香港东路 23 号　　邮政编码	266071
出 版 人	杨立敏	
网　　址	http://www.ouc-press.com	
电子信箱	whs0532@126.com	
订购电话	0532—82032573(传真)	
责任编辑	诗怡　　　　　　　　　　电　　话	0532—85901040
印　　制	日照报业印刷有限公司	
版　　次	2012 年 11 月第 1 版	
印　　次	2012 年 11 月第 1 次印刷	
成品尺寸	140 mm×203 mm	
印　　张	7.375	
字　　数	185 千	
定　　价	19.80 元	

《国防生任职参考》编委会

主　任　张　静
副主任　李春雷　曲凤桐　初建松　刘景山
编　委　（以姓氏笔画为序）
　　　　　　于淑华　刘　杰　巩　超　许玲玲
　　　　　　祝洪涛　吴　军　李红涛　李永博
　　　　　　张贵鹏　陈　鹏　邹　静　姜　斌
　　　　　　黄立田　鞠红梅

序

　　培养和造就大批高素质新型军事人才,是国防和军队现代化建设的重大命题。胡锦涛主席指出,"要始终促进和实现官兵的全面发展,不断提高官兵的思想政治素质、科学文化素质、军事专业素质和身体心理素质,把他们培养为有理想、有道德、有文化、有纪律的新一代革命军人,努力造就大批适应军队信息化建设、胜任信息化条件下作战任务的高素质新型军事人才。"近年来,党中央、中央军委围绕高素质新型军事人才的培养工作做出了一系列战略部署,为我国军队开展人才建设工作指明了方向。当前,依托高等教育的人才和智力优势大力培养国防生担任后备军官,已成为保证军队有稳定可靠的高素质人才来源,改善和提高军队干部队伍知识结构和科学文化水平的重要渠道。帮助国防生实现全面发展,使其快速成长为适合我军需要的高素质创新型人才,是当前军队现代化建设的迫切需要,也是广大国防生的切身利益所在。我们要以高度的政治责任感和历

史使命感,扎扎实实地把这项工作贯彻落实好。

加强国防生培养工作,应始终按照科学发展观的要求,认真遵循高等教育规律和军事人才培养规律,积极推进学历教育与军事能力培养的有机衔接。当前应着重提升国防生培养工作的针对性和实效性,通过加强国防生任职能力和军事素质的培养,积极为促进国防生尽快实现由青年学生向合格军人、合格军官的转变提供科学指导,进一步打牢献身国防、履行使命、全面发展的素质基础。近十年来,每年都有一大批毕业的国防生学员走向我军部队。作为初任军官,如何尽快地熟悉部队工作环境、按照角色要求顺利地进入工作状态,如何做到结合工作实际、将自身掌握的专业技能转化为战斗力,如何在工作中不断地充实完善自我、积累今后事业的发展后劲,这是部队领导一直关心的问题,更是刚刚踏入军营的国防生军官面临的首要问题。这些问题亟需我们国防生培养部门加强与高校的合作,共同思考研究并加以破解。

中国海洋大学长期以来高度重视国防生培养工作,多年来为我军输送了大批优秀的后备军官,在工作中创造积累的许多行之有效的经验和做法,得到了部队认可和兄弟高校的好评。作为海大国防生培养工作的又一次积极探索,《国防生任职参考》一书的出版是令人鼓舞的。该书紧紧抓住国防生岗位任职能力提升这一核心问题,紧密结合部队岗位任职需要,紧密结合国防生思想和素质实际,就国防生军官在初次任职后经常碰到的实际问题和成长进步中的困惑,给予了系统性、针对性地解答,内容全面、简明扼要,问答式体例的采用方便阅读,是帮助国防生尽快适应军队岗位和成长进步的极具价值的指导性教材。该书是海大国防生培养工作者通力合作、系统思考的结晶,该书的作者长期从事国防生培养方面的理论研究和实务工作,熟悉军队人才建设工作和高等教育工作,在本书的编写过程中借鉴吸收了军事人才培养的有关研究成果,融入了军队人才建设的最新要求,对于我军开展军官上岗培训和军官同志们开展具体工作具有极大地参考价值。

杨骏飞
2013 年 2 月 6 日

前言

亲爱的国防生战友,也许你早就摩拳擦掌,信誓旦旦。毕业后,穿上军装,戴上军衔,到部队大干一场,为部队的现代化建设,为国防事业贡献自己的心血和才华。可是不知你想过没有,戴上了军衔,不一定就是一名合格的军官,到了部队不一定能够顺水扬帆,军旅生活还有很长一段路等待你去走,而这第一步非常关键。古语说的好,万事开头难。陌生的工作环境,崭新的工作岗位,全新的角色要求,会给你带来兴奋,带来神秘,也会带来迷茫和困惑。如何迈好到部队任职的第一步,顺利渡过"断乳期",缩短适应期,做到当前能立足,日后有发展,实现我军依托地方普通高校培养部队人才的初衷,这是每一位国防生考虑的问题,也是培养你们的高校领导和老师们关注的问题。为此,我们收集了大量资料,编写了《国防生任职参考》(简称《参考》)这本小册子,从争取良好开端、加强自我修养、融洽上下关系、初识排长岗位、掌握带兵常识和熟悉基层规定6个方面,

给大家提供一些参考,力争做到针对性、说理性、指导性、操作性的统一,希望能够成为你们从军路上的朋友,指导任职的参谋,走向成功的帮手。

《参考》的编写,借鉴了部队大量研究成果,得到了国防教育学院领导和有关专家的悉心指导,在此,一并表示感谢。由于资料和编写水平有限,存在许多不足之处,敬请读者朋友们批评指正。

编著者
2012 年 9 月

目次

第一部分 如何走好进入军营第一步

第一章 毕业后应以什么心态走向工作岗位 ……（3）
 一、热爱军队,无私奉献 ………………………（3）
 二、要具有扎根基层、长期吃苦的准备 ………（8）

第二章 单位报到应注意哪些问题 ……………（11）
 一、到机关报到前要"五清楚" …………………（12）
 二、具体单位报到谈心"六做到" ………………（13）
 三、切记做到"五不要" …………………………（15）

第三章 如何把握好军校任职培训机会 ………（17）
 一、放正心态,从一个合格的兵做起 …………（17）
 二、处处留心,从自身周围点滴改变 …………（18）
 三、思想到位,向一名成熟军官转变 …………（19）

第四章　军事院校学习中需培养的几大素养……(25)
　　一、军政素养………………………………(25)
　　二、知识素养………………………………(29)
　　三、心理素养………………………………(32)

第五章　军事院校学习中需培养的几大能力……(44)
　　一、基础军事知识及初级指挥能力…………(44)
　　二、表达能力………………………………(46)
　　三、人际交往能力…………………………(54)
　　四、落实能力………………………………(60)

第六章　任职后需要第一时间掌握哪些情况……(67)
　　一、尽快了解旅、团党委的年度工作安排…(68)
　　二、尽快摸清组织和人员情况………………(69)
　　三、尽快熟悉武器装备情况…………………(70)

第二部分　初临岗位如何胜任本职工作

Ⅰ.带兵方法和管理艺术篇

第七章　怎样认识带兵的地位和作用…………(75)
　　一、带兵工作是一项根本性的工作…………(76)
　　二、带兵工作是一项经常性的工作…………(77)

三、带兵工作是一项综合性基础工作 ………（78）

第八章　带好兵有哪些要诀……………………（81）
一、带兵首先爱兵 …………………………（81）
二、带兵必须知兵 …………………………（82）
三、坚持依法带兵 …………………………（83）
四、带兵以严为本 …………………………（84）
五、带兵贵在带心 …………………………（84）
六、因人制宜带兵 …………………………（85）
七、依靠骨干带兵 …………………………（86）
八、公正廉洁带兵 …………………………（87）
九、注意形象带兵 …………………………（88）

第九章　如何做好连队日常管理工作……………（90）
1　日常性工作的开展 ………………………（91）
一、坚持把军事训练作为经常性的中心工作……
　………………………………………………（91）
二、保持良好的战备状态 …………………（94）
三、提高官兵的政治思想觉悟 ……………（95）
四、按照条令条例加强行政管理 …………（97）
五、建立和保持良好的内外关系 …………（98）
六、搞好基层后勤建设 ……………………（99）

七、加强以党支部为核心的组织建设………(101)
2 会务工作……………………………(103)
一、怎样主持开好排务会……………………(103)
二、首次参加连队支委会需要注意哪些问题……
………………………………………………(107)
3 安全工作……………………………(110)
一、认真分析研究"两防"工作出现的新情况、新问题………………………………………………(111)
二、抓好安全教育工作………………………(112)
三、掌握事故、案件发展的一般规律…………(113)
四、正确处理事故、案件,认真吸取教训………(114)
五、安全无小事………………………………(115)
六、透视"安全"隐患…………………………(116)

第十章 怎样管理好士官………………(123)
1 发挥骨干作用和依照条例管理相结合………
………………………………………………(124)
2 大胆使用和培养相结合……………(125)
一、士官是军事知识和技能的传授者…………(126)
二、士官是军事训练方针和原则的具体落实者…
………………………………………………(126)
三、士官是军事教练活动的组织者…………(127)

3　严格要求和尊重爱护相结合…………（128）

第十一章　军队管理人员需要具备的素质……（130）
　　1　有坚定正确地政治思想………………（131）
　　2　有正确的思维方法………………………（133）
　　一、要学会站在整体的高度上看问题………（133）
　　二、要学会用领导的思维方式看问题………（135）
　　三、要学会利用身边资源去做工作…………（135）
　　3　有必备的决策胆识………………………（136）
　　4　有出色的组织能力………………………（139）
　　一、"组织者"的气质和角色…………………（139）
　　二、避免冲突和解决问题……………………（140）
　　三、有信任，才有领导………………………（141）
　　5　有出色的身心素质………………………（141）
　　一、要有必胜的信心…………………………（142）
　　二、要有百折不挠的毅力……………………（143）
　　三、要有充沛的精力…………………………（145）

　　　　Ⅱ．思想教育和政治工作篇
第十二章　政治工作的内容及特点……………（147）
　　1　政治工作三原则…………………………（148）
　　一、官兵一致的原则…………………………（148）

　二、军民一致的原则……………………………（148）
　三、瓦解敌军和宽待俘虏的原则………………（148）
　2　思想政治工作具体内容……………………（149）
　一、《关于新时期军队政治工作的决定》……（149）
　二、《关于新形势下加强和改进军队政治工作的若干问题的决议》……………………………（149）

第十三章　怎样胜任连队排长的工作 …………（151）
　1　政治判断能力………………………………（152）
　一、应有坚实的理论基础………………………（152）
　二、应有敏锐的洞察力…………………………（152）
　三、应有严谨的分析力…………………………（152）
　四、应有科学的判断力…………………………（153）
　五、应有正确的观念基础………………………（153）
　2　谋划决策能力………………………………（154）
　一、补充自己的经历……………………………（154）
　二、要有准确的判断能力………………………（155）
　3　领导管理能力………………………………（156）
　一、提高自己的语言表达能力…………………（156）
　二、蚂蚁过河的启示……………………………（158）
　三、努力提高自己的能力素质…………………（159）
　四、根据情况确定基本方针……………………（160）

五、锻炼自己军人的气质和作风……………(160)
　4　调查研究能力………………………………(161)
　　一、力戒浮躁的心态……………………………(161)
　　二、锲而不舍,持之以恒………………………(162)
　　三、经得起挫折困难的挑战……………………(164)

第十四章　怎样把握军人个人及群体心理 ……(167)
　1　战士个人及群体心理特点…………………(168)
　　一、渴求理解,相对闭锁………………………(168)
　　二、富于理想,好高骛远………………………(168)
　　三、争强好胜,时而自卑………………………(169)
　　四、好奇求知,猎奇逆返………………………(169)
　　五、真诚坦率,容易偏激………………………(170)
　　六、富于激情,容易冲动………………………(170)
　　七、青年战士爱面子、讲面子…………………(171)
　　八、喜欢探求,难于说服………………………(171)
　　九、兴趣广泛,目标不专………………………(172)
　2　战士思想变化的新特点及规律……………(172)
　　一、隐蔽性增强…………………………………(173)
　　二、变动性增大…………………………………(174)
　　三、抗教性增大,固执性明显…………………(174)
　　四、并存性增多…………………………………(175)

第十五章 如何做好战士的思想工作 ……(176)

1 经常性思想工作……(177)
一、把握思想变化规律,增强工作实效 ……(177)
二、经常性思想政治工作是我军政治优势的生动表现……(180)

2 教育工作……(183)
一、率先垂范,以身作则 ……(183)
二、严格执行装备的保养、保管和使用规定………(186)
三、帮助骨干提高组织指挥能力和管理教育能力……(188)
四、严守秘密,落实安全措施 ……(190)
五、政治合格,军事过硬 ……(192)

第十六章 基层指挥员需了解的日常工作 ……(201)
一、作为指导员如何协同连长做好组织训练工作……(202)
二、作为指导员怎样做好党支部的日常工作 …(203)
三、怎样在紧急情况下做好动员工作 ……(208)
四、舰队一日生活制度 ……(211)
五、作为排长如何安排计划军事工作 ……(212)
六、如何胜任海军机关干事、参谋、助理等职务 ……(217)

第一部分

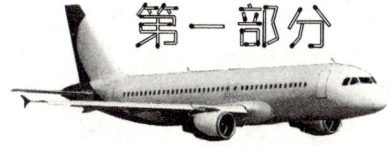

如何走好进入军营第一步

第一章

毕业后应以什么心态走向工作岗位

概 述

做任何事情,心态必须放在前头。要想收获,必须先去耕种;要想成功,必须先去准备。年轻的国防生心怀美好的理想,充满了对军官之路的美好憧憬,手握一纸任命书,从学生转变成军官。在这条道路上,能否走得稳健扎实顺利,有所作为,勇往直前,扬帆远航,做好心理准备至关重要。良好的心理素质和充分的思想准备是国防生在工作岗位上起好步、走好路的重要前提。

一、热爱军队,无私奉献

心态决定态度,也决定一个人干事业的决心和投入

的程度。如果一个人根本就不愿意将自己的才干、青春和热血与军队这个集体联系起来，或者根本就是抱着早点转业的心态到部队报到的，那么他就不可能成为一个合格的军官。认识你所从事的事业并深深热爱它，你才可能成为一位合格军人、一名称职的军官。

有些国防生干部由于缺乏实践的磨炼，在与现实的碰撞中显得比较脆弱，容易在得与失，苦与乐，生与死的考验面前产生动摇。特别是在发展社会主义市场经济的新形势下，由于军地之间在思想观念、生活方式、物质待遇等方面存在着一些差距，有时候就感到吃亏了，发牢骚，闹转业。正确的态度应该是，我既然选择了从军的道路，就决不动摇，必须珍惜自己的人生选择。

古往今来，凡成就大事业的人，大多都有军人的经历，而戎马一生，功垂千古的风云人物更是不计其数。中国历代王朝开国皇帝，都是马上将军；国外政要像斯大林、戴高乐、丘吉尔都是军人出身；美国的历任总统，只有克林顿没有当过兵。我们选择做国防生并不是为了当名人、做大官，但是要懂得，人生的真正价值是要通过大事业去实现。好男儿志存高远，以事业为重，军人的事业也是最壮丽的事业，我们要坚定信心走自己的路，把最美好的青春献给最壮丽的事业。

真正的军人首先是有坚定理想信念的人。没有信念的理想是空虚的,没有信念的奋斗是不能持久的。我国古代把理想称为志向,立志也就是树立理想。诸葛亮有言:"志之所趋,无远勿届,穷山复海,不能限也。志之所向,无坚不入,锐兵固甲,不能御也。"可见,古人对理想何等重视。古往今来,每一个成功者都是有理想、有志向的楷模。如果整天忙于个人琐事,贪图享乐,就会成为一个平庸的无所作为的人。

不同的人有不同的理想,即便是同一个人处于不同的境况也会有不同的理想,有阶段性的追求,也有毕生向往。作为国防生干部,就应该始终把"打得赢,不变质"作为自己的头等大事,把建设现代化的人民军队当做自己远大理想。理想是一簇火种,点燃的是拼搏进取的火焰,在通往理想的道路上,难免出现崎岖和坎坷,要经受各种艰难困苦、成败得失的考验。那么,克服困难,战胜挫折靠什么?

顽强的毅力,不畏艰险的英雄气概,这是实现理想不可缺少的要素。2003年8月初,在沈阳军区某装甲团的学习成才表彰会上,四连三排的硕士排长李剑熠不但自己成为"十佳英语尖子",而且排里有8名战士被评为各类学习标兵。2002年7月,李剑熠从地方大学硕士毕业后,谢绝地方多家公司的聘请,入伍

来到该团四连三排当排长。他在完成从青年学生到合格军人的转变、学会带兵的同时,发挥自身优势,辅导战士学习文化知识,提高他们的科技素质。在连队的支持下,李剑熠利用课余时间给战士们开办了计算机、英语和文化补习班。他逐个了解战士的具体情况和实际水平,有针对性地制订培训计划,采取集中授课、个别辅导等方式,分阶段、分层次进行培训。

为了提高战士的学习效率,李剑熠精心编写了《现代军人英语入门手册》、《计算机入门诀窍》两本教材。为增强战士的学习兴趣,李剑熠适时开展小比武、小竞赛活动,使战士们周有计划、月有成果,大大地提高了战士的科技文化素质。只有初中文化的一级士官闫纪刚虽然爱好电脑,可学了好长时间只学会了打字。李剑熠帮他制订学习计划,利用休息时间给他"开小灶",教他一些计算机常用的英语单词,他的操作水平很快有了提高。7月初,为激发全团官兵立足本职岗位成才的积极性,团里决定树立和表彰一批学习成才标兵。经过严格考核和激烈角逐,李剑熠和他排里的闫纪刚、卢光清、李国庆、杨建军等8名战士分别被评为"十佳英语尖子"、"十佳计算机能手"、"十佳读书标兵"。李剑熠的事迹证明了这样的道理：通往理想的道路没有捷径可走,投机取巧得到的不是真正的收获,迟早也要丢掉；只有躬身实践,不断耕耘,勤奋工作,踏踏实实干事,用辛劳和汗水浇灌出成功的果实,才是最甘甜、最美好的。

从古至今的事实都证明：一个合格军人同时还必须是一名具有痴心报国精神的奉献者。军人的奉献是多方面的,战争年代军人奉献的是热血和生命,和平时期军人同样是急难险重任务中冲锋在前、牺牲在前,奉献的仍是鲜血和汗水。老山一个猫耳洞口,有一副战士们制作的对联,充分反映了新一代革命军人的高尚情操：

守边关,甜中有苦,苦中有甜,一人辛苦万人甜；保祖国,圆中有缺,缺中有圆,一家不圆万家团圆。

新任军官的国防生,不能只看到金色的肩章上五星闪耀的光彩,更重要的是靠无私奉献精神扛起军人的职责,要有为国捐躯的气概。当今世界并不太平,局部战争此起彼伏,我国周边环境也不安宁,战争爆发的可能

性依然存在。军队根本职责是保卫国家。担当军官职务，就要树立准备打仗、血洒疆场的观念。同时在和平时期，我们还承担着执行急难险重任务，保护人民生命财产安全的光荣职责。在历次的抗震救灾、抗洪抢险、维护社会稳定等关键时刻，冲在最前面的仍然是人民解放军。国防生要时刻准备为保卫人民生命财产而流血牺牲，要有"亏了我一个，幸福10亿人"的胸怀。

国防生走上工作岗位后，随着年龄的增长，个人家庭的实际问题会接踵而来。而军队的职能和宗旨决定了这些问题必须付出长期的奉献和牺牲，不仅自己要做出巨大牺牲，亲人们也要做出常人难以想象的奉献。恋人不能常相伴，妻子不能长厮守，不能更多地照顾孩子，也很难在老人身边尽孝，天伦之乐很少享受，等等。这些都是对国防生干部非常现实和长期的考验。

二、要具有扎根基层、长期吃苦的准备

新任军官的国防生一定要重视在基层打牢基础，练好基本功，有长期吃苦的准备将对今后的成长进步起到重要作用。部队的基层单位，主要驻扎在城市以外的地方，生活环境比较差；边海防地区自然环境更加恶劣，生活条件更为艰苦；基层工作的特点是苦、累、严。有很多新上任的国防生到部队工作一段时间后，因为基层条件

差,兵难带、工作忙,管得严产生怕苦怕累情绪,而不安心基层工作,想调机关、院校,或者离开部队。一个真正有志向、有作为的国防生军官,必须立足本职,扎根基层,扎扎实实做好本职工作,才能实现美好追求。

汪洋大海是一条一条小溪汇聚而来的,长征是一步一步走向胜利的。基层工作条件差、兵难带、责任重,工作忙、管得严是客观事实。但是,必须意识到,正是基层这种艰苦紧张的条件,成为锻炼提高干部能力素质的最佳途径。基层工作多、责任重、压力大、才能使自己去多调查、多学习、多思考、多实践,自己的素质才能够得到较快的提高。

基层是军队的基础,基层的工作是部队最为基础的工作,世界上很少有一位出色的将军跨越过基层任职这个重要的锻炼过程。基层工作能力的培养是干部成长发展的素质基础,对干部的整个成长道路都将产生深远影响。不经过基层锻炼的干部应该说是素质不全面的干部,也是发展潜力受局限的干部。另外,基层干不好,到机关也会干不好,因为部队的全部工作都是为了抓基层、抓落实,不懂基层,就等于不懂部队。

基层反映了部队最真实的情况。部队的战士们来自五湖四海、来自社会的各个阶层,他们与社会紧紧相联,他们最能反映当代青年战士的特点、行为和心理特

征。要想了解部队、了解战士,不在基层带兵是做不到的。只有扎根基层,与战士打成一片,与战士吃住在一起,训练工作在一起,才能真正了解战士,了解基层部队。那种"心在曹营身在汉"的做法是坚决要不得的。

第二章

单位报到应注意哪些问题

概 述

国防生毕业后的第一件事就是到部队机关报到。有些同志认为:报到这种简单不过的事情有什么可注意的?无非是"介绍信"一递,"组织关系"、"行政关系"一交不就结了嘛,没有必要小题大做。刚到部队的国防生,可不能有此想法,初次机关报到,是你走向部队的开始,也是在部队的第一次亮相。报到的效果好,会给机关干部留下深刻的印象;报到的效果差,机关干部会认为你不了解部队,不懂部队的一般规矩,可能会引起一连串负面效应。

一、到机关报到前要"五清楚"

一是要把报到单位搞清楚。国防生在接到单位报到的命令后,首先要问明白单位所在地点、方位。

二是所需携带的证件要清楚。国防生到部队报到一般需带《入伍通知书》、《党团组织关系转移证明》、《国防生协议书》、《派遣证书》。

三是报到的具体部门要清楚。一般会要求你先去所在单位的上级干部部门报到,交转"行政关系",然后再将"组织关系"交组织部门。

四是报到时间要清楚。提前报到没有必要,但是迟到容易造成不良影响。一定要按规定时间到部队报到,避免出现延误的情况。不要在外停留时间过长,更不能私自外出游玩或回家。否则轻则受到批评,重则会影响你的分配去向。

五是报到后具体的单位要问清楚。到干部部门报到后,一般会安排你的具体工作单位和去向,也可能干部部门直接通知你的具体工作单位,派人来接你;无论怎样,自己都要问清楚。如果不派人来接,你要问清即将报到的单位方位、乘车路线,准确报到的时间,自行前往。

二、具体单位报到谈心"六做到"

到具体单位报到后,领导谈心是必要环节,也是留给领导第一印象的重要环节,一定要提前做好准备。如果能够给领导留下一种为人诚实、做事踏实、办事灵活的第一印象就算比较成功了。

一是态度要端正。刚到单位,直接领导和分管领导一般会在第一时间组织谈话。谈话的目的就是要对你有一个感性的认识,初步的了解,也有可能通过第一次的谈话决定你适合什么具体岗位,所以一定要高度重视。

二是介绍要准确。提前梳理自己的情况,力争用最短的时间,最简洁的语言,介绍自己大学时取得的成绩,把最真实的自己展示出来,多展示自己的正面,找准自己的优缺点。

三是思路要清晰。虽然做不到字字成金,还是要废话少说,直奔主题,不要偏离主题,答非所问,更不要侃侃而谈。一定要记住,不管口才多好,言多必失。

四是军容要严整。以严整的军容报到,显得庄重正规,能体现良好的作风和军人的气质神采。因此,报到之前要拿出专门时间整理军容风纪,最起码的头发、胡须、指甲等面子要拾掇利索,着装要整洁,留下一种干

净、利索的好印象。如果穿便装,不要奇装异服,让别人感觉不成熟;如果穿军装,各种标志符号要佩戴齐全,皮鞋要擦亮。

五是表态要符合实际。领导谈话多数都会问到自己有什么想法,主要看看你的工作态度和未来打算,这时候一定要谦虚,多表态,少提要求。表态要切合实际,比如说:尽快熟悉单位情况,及早胜任本职需求。即使所分配的工作难以胜任或兴趣不浓,也应先接受下来,力争干好。

六是礼貌要到位。举止文明,谈吐文雅,精神抖擞,一见面会让人感觉你是一个有道德,有修养,有文化的毕业生。精神抖擞,给人充满活力的感觉,会让人觉得你对生活,工作有充分的信心和勇气。要谦虚有礼,干脆利索。无论到机关单位还是到连队报到时,都要注意礼节礼貌,切忌不要在机关表现得十分有礼貌,而到连队却目中无人。回答问题要干脆利索,大大方方,言简意赅,也要防止缩头缩尾,露出胆怯。

当上级首长接见时,更要注意自己的言行举止。如果不知道首长的具体职务,就直接称呼"首长"即可。回答首长问话时候,既不卑不亢,又要注意礼节礼貌,比如敲门报告、敬礼问好,请教问题最好加上"请问您",回答问题最好加上"是",既表现出军人的飒爽英姿,又展示出做人的内涵和修养,态度谦虚、诚恳有礼。

三、切记做到"五不要"

一是不要忘记微笑。常言说:"微笑是最好的通行证"。微笑是缩短人与人之间距离的最有效的方式之一。虽然是正常报到,并非求助于他人,但是面带微笑出现,报到完毕后道谢,敬礼告辞。这样既体现了良好的军人素养,又会拉近与机关干部的距离,给人留下可亲可爱的印象。千万不要大大咧咧,表现的没有修养和礼貌。

二是不要急于求成。许多新干部来到部队总想一鸣惊人,一炮打响。这种心情固然可以理解,但是,浮躁心态既不符合事物的发展规律,又是一种对人进步有影响的心态。到部队做一番事业,这种热情是好的,又必须看到:要做成任何一件事情都不是轻而易举的。要扑下身子,"千里之行始于足下",扎扎实实,一步一个脚印的做起。浮躁心态是一个人浮浅急于求成的不成熟的表现。不要以自我为中心,最怕的就是刚毕业就把自己当"大拿",做几件小事就认为自己被降了档次似的。新任职务,需要较好的耐心,要沉得住气,稳得住神,积极适应和改善环境。千万不要想着"一鸣惊人"。

三是不要不懂装懂。有的新干部自以为受过正规

院校教育,在院校是优等生,具有扎实的理论根底,自以为能力素质很强。院校和部队毕竟有很大的不同,来到一个新的单位,面临新的工作环境,新的生活节奏,新的人际关系,新的知识领域,应当放下架子,甘当"新兵",从头学起,从零做起。部队和院校尤其是地方院校是有区别的,要"不耻下问",还要多请示多汇报,千万不要不懂装懂。

四是不要有抵触情绪。尤其在岗位分配问题上切忌挑肥拣瘦。无论分到机关,还是分到艰苦偏僻的连队,都要愉快地接受分配。不要怕艰苦,要有一种敢于拼搏,敢于摔打自己,在艰苦的条件下成就一番事业的豪迈之气。无论去到哪里,都要愉快接受安排,服从命令,听从指挥是军人的天职。千万不要分配得满意,马上面露喜色;分配得不满意,立刻垂头丧气,满腹怨气。

五是不要给自己找借口。到新的单位报到后,有时可能会因为主观或客观原因造成一些小的错误,在接受领导的批评时要正确对待,敢于承认错误,不要老想给自己找借口。如果你是因为业务不熟悉而犯错,除了承认之外,向你的部门领导或是"老同志"多多请教以免再犯是最好的办法。千万不要犯了错误还给自己找借口,那样人家就该怀疑你做人的原则了。

第三章

如何把握好军校任职培训机会

概 述

作为一名在校国防生,对部队的诸多工作及生活都缺乏明晰的了解,军校的任职培训,便显得尤为重要。切实认真有效地把握好军校任职培训机会,是一名国防生能够立足本职工作岗位的必要前提。

一、放正心态,从一个合格的兵做起

一名合格的士兵不一定能成为一名合格的军官,但一名合格的军官必须首先是一名合格的士兵。作为一名基层军官,必须先当好一名合格的士兵。这就要求我们必须具备如下几种素质:

第一,坚定的政治意识,纪律意识。这是立足部队

的生命线,也是每一名军人的生命线;

第二,优良的军人作风。凡事雷厉风行,言必信行必果,演绎一名钢铁士兵的本色;

第三,基础能力要过硬。如对基本队列指挥,活动的组织,个人内务条例,岗位基础知识等游刃有余,是立足部队的前提。

要带着三项任务去当兵:

一是了解兵的生活。体会兵的感受,感悟兵的心理,认识兵的特点,知兵心、有兵情、说兵话、融兵味。

二是有兵的素质。学习士兵必须掌握的军事技能,培养兵的素质。

三是站在兵的角度。从这个视角观察班长、排长乃至连队干部的工作方法、工作作风,总结他人的经验,为自己下一步工作提供借鉴。

二、处处留心,从自身周围点滴改变

部队生活完全不同于学生时代,其内容丰富多姿多彩非三言两语可概括。唯一有效的办法就是:事事留心,多思考,善总结,把部队的生活工作内化为自身的习惯。要渐渐地适应,渐渐地转变,逐渐向一名军官、一名成熟的指挥者转变。在学习新知识、提高新素质方面,要做到有方向、有标准、有计划、有毅力。

要学习哪些知识呢？主要有四个方面,就是:基本的、急需的、拿手的、发展的。

所谓基本的,就是必须要了解掌握的,属于必知必会的知识;

所谓急需的,就是当前带兵、完成任务急需要掌握的知识;

所谓拿手的,就是个人的特长本事;

所谓发展的,就是未来担任高一层领导职务需要掌握的知识。

三、思想到位,向一名成熟军官转变

一个人的成熟源于思想的成熟,一名军官的成熟源于其政治理念,价值观,认识方法的成熟。在任职培训期间,应该读好"两本书":

一是有字之书。即党的政治理论,方针政策,熟悉部队的光荣传统和人民军队的深刻内涵,树立以奉献为自豪,以使命为光荣的精神;

二即无字之书。每一名军人都有其值得学习的特点和内容,我们要充分把握机会,向身边的战友学习,解读这本内涵丰富"知识"浩瀚的无字之书。同时,以下几个方面也非常重要:

(一)坚定自己的选择

坚定自己的选择这个问题非常重要,是在军营顺利成长首当其冲的问题。有些同志没干好,是因为不安心,不安心是因为动摇了信念,动摇了追求,动摇了选择。说白了,就是犹豫了,后悔了。无非是因为这样4个问题:条件艰苦、待遇不高、专业不对口、工作环境不习惯等。在判断自己的选择对不对的时候,要心平气和的分析。

首先不要情绪化,而要理智不能感情冲动,一挨点批评,受点委屈,就不干了,就摔耙子。

二是要全面分析,不要片面,不能只看一点,就否定全盘,就改变主张。要全面衡量,辩证思考。

三是要想得长远一点,不能只看眼前,只看一时。眼前干什么,不一定以后干什么,眼前是这个环境,以后不一定也是这个环境。哪个将军不是从士兵干起的?

四是不能只看表面现象。有的同志对什么是好,什么是坏,什么是爱,什么是害,分不清楚,只看表面现象。要知道,我们到任后,官兵通过不同方式观察、评价你,也通过不同方式帮助、提高你。训也好,批也罢,都是为你好,都是对你负责。所以,不能只看表面,要看实质,看人家的动机。

五是不能只强调客观,要从自己身上找找原因。出现了矛盾,发生了不愉快,不能都怪别人,不看自己。若抱着这样的态度,到哪都不愉快。有个国防生干部说得好:不能让部队适应你,而是你要适应部队,不是自己选择错了,而是自己还不能适应。能这样认识问题,我们心里就会平静,就会快乐。

(二)认清肩上的使命责任

认清肩上的使命责任主要搞清楚党和国家为什么要下这么大工夫培养国防生,把我们培养出来干什么,我们肩上的责任是什么。依托地方高校培养军队干部,是军委、总部应对世界军事变革的挑战,着眼打赢未来高技术战争,做出的战略决策,目的是培养有发展后劲的高素质新型军事人才。未来的几十年,国防生干部将成为军队的脊梁。

党和国家看中了我们什么?看中了我们有丰厚的文化积淀,看中了我们能创新的大脑,看中了我们的爱国热情和从武志向。

党和国家培养我们干什么?一是带兵,二是治军。带兵为打赢,治军为强国。带兵、治军是国家大策,是历史重任,党和国家信任我们,把枪杆子交给我们,我们有什么理由不全力以赴?有什么理由半途而废?当我们

穿上军装,成为军队干部,掌握枪杆子,这是党的信任、国家的挑选、人民的委托,也是我们的缘分、我们的命运、我们的机会。这个机会不是谁都可以有的,我们应该珍惜,应该报答。

所以,要认清肩上的责任,坚定脚下的道路,不辜负党和国家的重托,安心地在部队奉献自己,发展自己。

(三)正确认识自身的职业优势与缺欠

应该认识到,我们国防生具有一定的职业优势,也存在着一定的职业缺欠。我们的职业优势主要有:

热爱部队,献身国防事业的思想准备比较充分;经过一定的训练,军政素质有较好的基础;文化底蕴厚实,知识的整合、迁移能力强,发展后劲大;思维敏捷深刻,思考问题理性辩证,创新能力强;聪明好学,掌握新知识、新技能快。

但是,也要看到我们还存在一些职业缺欠,主要是:

1. 职业环境生疏

职业环境生疏。没当过兵,对军营感受少,对战士了解少,部队专业知识和专业技能掌握少,体能素质差,部队的规章制度不了解。

2. 职业性格缺欠

职业性格缺欠。带兵的人需要泼辣、果断、大度、细致、严厉又不乏热情的气质。大学校园里走出来的国防生干部往往斯文有余泼辣不足;心慈而欠缺魄力;优柔而欠缺果断;热情而欠缺方法;单纯而欠缺多思;心细而欠缺大度。

3. 职业习惯缺乏

职业习惯缺乏。大学校园相对宽松和自主的生活,使国防生干部养成了乐于思考、民主独立、注重实际、公平竞争、遵循原则等好习惯,同时也形成了一些和带兵打仗职业不相称的习惯。比如:

自由散漫不守规,自由多于服从;孤芳自赏不合群,喜欢独处;放不下架子,摆不正位置,盲目自大;不拘小节欠礼貌,大大咧咧;自尊过度脸皮薄,受不得批评;好高骛远不踏实,没有长进;工作不主动,属算盘珠子的,拨一拨动一动,眼里没有活;社会交往少,交际能力弱,话不知道咋说,事不知道咋办等。

4. 职业思想准备不足

职业思想准备不足。只想穿上神气的军装,不必费心就可以被安排工作;准备了走马上任享受干部待遇;准备了考研,继续学习深造;对未来的工作岗位、对将要长期生活的部队,只做了理想化的、一帆风顺的设想。

另一方面吃苦的思想准备不足,受挫的思想准备

不足,遵规守纪、老实做事的思想准备不足,专业不对口,学习新知识、接受新环境、锻炼新能力的思想准备不足。

因此,容易产生失望心理、后悔心理、自卑心理、"转岗"心理。简言之,就是对军人、对军营还缺乏足够的认识。

第四章

军事院校学习中需培养的几大素养

概 述

军事院校的培训作为走向工作岗位的准备阶段,对保证尽快适应部队,融入部队生活,意义重大。国防生学员必须利用好这个宝贵的机会为步入部队做好准备。

一、军政素养

军政素养也叫思想政治素养,与科学文化素养、知识素养、心理素养等,共同构成主体素养。思想政治素养包含理论、思想、政治、道德等方面的素质,是一种全面的素养,集中体现为理想信念是否先进、政治品质是否端正、思想道德是否高尚。增强思想政治素养,关键

是要在提升理想信念、纯洁政治品质、修炼思想道德上下工夫见成效。

要培养良好的政治素养就要树立先进的价值观,要解决崇尚什么、追求什么、好恶什么的根本看法。价值观是一种评价体系,具有行为导向功能。胡锦涛主席明确提出的当代革命军人核心价值观,凝结着社会主义核心价值体系的本质要求,是我军全体官兵的行为准则。

新阶段新形势下,思想观念深刻变化,价值观念取向多元,价值观培育面临挑战。树立先进的价值观,就要坚持中国特色社会主义的基本价值观,反对价值观的颠倒错位,如金钱至上、损人利己等,在精神与物质、理想与现实、目的与手段、原则与利益等关系之间,保持必要的均衡,防止狭隘片面的价值观主导。

毛泽东说:"学习的目的全在于应用"。同样,培养军事素养也是如此。"天下虽安,忘战必危",这是古兵书《司马法》的告诫。我们从以下的论述中也可以了解这种告诫的真谛。

据某西方统计数字表明:从公元前三千二百年到公元1994年的5194年间,地球上共发生了14831次战争,只有329年是相对和平的。纵观当今世界,各国军事技术发展迅速,高技术武器在战争中得到广泛应用,信息战的到来已成定局。可以预见,未来的信息战争将具备速度快、强度高、保障难、立体性、多样性、突然性等特点。在信息战争中,无论是信息武器操作人员、信息处理人员、电子士兵、作战指挥人员、参谋人员等,都必须具有相应层次的知识水平。

例如,作为一名操纵电子设备的士兵,必须经过4年以上的正规教育和训练,才能熟练掌握各种武器装备。在未来信息战的作战中,士兵的头盔上将装有热成像显示器,以使士兵在夜间能从不同角度看目标;手上握有多功能攻击武器和定位报告信息系统终端,以准确打击直瞄目标和山背面的建筑物或碉堡;腰上系有集电台与计算机于一体的智能终端,当发现在其武器射程之外的目标时,要将有关目标位置的数据传输给联机导弹或火炮,以直接摧毁目标。

许多发达国家的军队认为,高技术武器装备已成为战争胜败的主导武器,而人作为战斗力的第一要素,如果整个作战人员中具有本科学历者的占比低于70%,信息条件下军队战斗力就基本为零。从美军数字化部队演习资料看,当知识化训练水平没有达到人数要求的30%时,数字化部队就不会形成信息获取、信息传输和信息化指挥体系的能力,特别是丧失了操纵信息化武器

破坏敌方网络化指挥体系的能力,数字化部队在信息条件下的战斗力反而比机械化部队的战斗力还低,也是数字化部队在与机械化部队对抗演习中失败的根源所在。

要提高对未来的高科技战争需要复合型指挥人才的认识。美国著名的施瓦茨科普夫将军之所以能在海湾战争中大展其才,是与他具备高技术素养分不开的。他本人先入享誉全球的西点军校系统化学习,而后进入陆军学院进修,特别是对地区性冲突、中低强度作战、沙漠作战和特种部队作战进行了广泛的研究。所以,他在制订行动计划和作战方案时,可以利用自己的专业知识和丰富经验去寻找最佳战略战术。因此,面对未来的高技术战争的挑战,各级指挥员只有提高自身的科学文化水平,具备一定的高技术素养,才能"打得赢"未来的高技术战争。相反,一个指挥员没有高素质,不注重战备工作就只会品尝失败的苦果。

要确实强化战备观念。1973年第四次中东战争爆发前,埃及军队曾连续进行了一次又一次的大规模军事调动和演习。与此同时,以色列依靠美国的"大鸟"卫星,对埃及军队的一举一动了解得清清楚楚。当10月6日,埃及军队进行第23次大规模军事调动,向苏伊士运河方向集结时,以色列军事领导人,由于已有了前22次演习所形成的思维定势,对埃及军队的调动,以为不过是又一次军事演习罢了,因而一点未作战斗准备,甚至还放假让官兵们去过犹太人的"赎罪日"节。结果,埃及军队利用以色列人的麻痹大意和放松警惕,突然向以色列发起进攻,一举攻破以色列耗资2亿多美元修建起来的"巴列夫防线",取得了震惊世界的辉煌战果。

当世界局势表面上看起来平静的时候,我们每名军人却要时刻加强战备思想引导,做好在高技术条件下"打得赢"的军事斗争准备。作为一名国防生排长对所属士兵,必须加强教育,时刻保持高度的战备观念,保证部队在任何时候、任何条件下,做到一声令下,立即出动,圆满完成作战执勤、抢险救灾,以及应付突发事件等任务。

二、知识素养

知识素养的知识,是指人们在社会实践中积累起来的经验,从本质上说,知识属于认识的范畴。人类在改造自然、改造社会的长期斗争中创造、发展、积累起来的丰富的科学知识,是人类社会文明进步的重要标志。知识带兵,就是运用社会科学、技术科学、自然科学、军事

科学来管理部属、教育部属,带领部队完成作战、训练等各项任务。

毛泽东主席曾经说过:"没有文化的军队,是愚蠢的军队,而愚蠢的军队是不能战胜敌人的。"俄罗斯军事家苏沃洛夫也讲过:"无知比敌人还坏,它可能葬送整个军队。"知识带兵是时代的要求,历史的必然。自从人类历史出现了战争这种现象以来,人们总是把种种先进的科学技术首先运用于军事领域。随着科学技术的迅猛发展,战争形态发生了巨大的变化,军队已经成为知识密集、技术密集、人才密集的武装集团。原子、激光、电子、精确制导等高技术武器源源不断地涌现出来。

现代战争的实践表明,战争不只是经济力量的竞赛,也是科学技术和军人科学文化素质的竞赛,谁在这方面落后,谁就会被动挨打。20世纪30年代的一门迫击炮只有上百个零件,现在一枚大型导弹系统有上百万个零件。复杂的装备,高度的合成,标志着军队日益向现代化迈进。军事专业,在第二次世界大战时期只有160余种,20世纪50年代发展到400余种,现在已达几千种类。军事技术的飞速发展对军人的科学文化素质提出了更高的要求。当代军人没有丰富的知识就难以驾驭高度现代化的武器和精密的技术装备。美军要求尉官有学士学位,少校有硕士学位,中校以上的军官有博士学位。我国杰出的科学家钱学森提出,我军的高级指挥员应达到博士水平,中级、初级指挥员应达到硕士、学士水平。这对我军建设和管理产生了极其深远的影响。

我们已进入了知识经济时代,各行各业都在创造学习型组织。随着社会主义建设事业的发展,我军官兵大都进过学校,有一定的文化素质,爱好广泛,求知欲强,渴望成才。许多战士希望干部能像老师那样引导他们人生的道路,把他们培养成为有用之才。他们不仅要求干部作自己的领导,还要求干部具有丰富的知识,成为部属的师长。因此,非常尊重、钦佩、热爱有真才实学的干部,把他们视为良师益友。干部有知识,与战士的共同语言就多,就能把战士团结在自己周围。

实践表明,知识已经成为新时期联系官兵关系的纽带,启迪战士心灵的武器。我们是人民的军队,人民群众把我军看做是革命的大学校,把我们的干部看做是这所大学校的园丁。他们把自己的子弟送到部队来学习、锻炼、提高,并履行保卫祖国的义务。我们的干部负有管理教育战士的职责,要掌握带兵的本领,必须努力学习和掌握科学知识。列宁说:"没有科学是不能建设现代化军队的。"他还说:"任何管理工作都需要有特殊的本领,要管理就要内行","就要有一定的科学修养"。①

---

① 列宁全集(第30卷)[M].北京:人民出版社,第362页、394页。

带兵能力是各种智能的综合反映,没有综合性的知识,要搞好现代化管理是不可能的。以其昏昏,不能使人昭昭,在知识以前所未有的速度、范围和规模急剧增长的年代,一个知识贫乏、孤陋寡闻、不学无术的干部,很难成为当代青年战士的知音,更谈不上管好部队带好兵了。作为带兵干部,必须博学多才,广泛涉猎,学习和掌握运筹学、管理学、社会学、教育学、心理学,乃至美学、营养学、电子计算机等理论、知识和技术。带兵干部所要学习和掌握的实际上是个庞大的"科学群"。只有使自己成为知识的富有者,才能做一个新时期有效的管理者。

我们要看到知识在带兵中的重要作用,但是,我们还要看到带兵是一个实践的过程,带兵经验不可能完全从书本上学到。有学历并不等于会带兵,只有在实践中反复摸索,逐步积累,带兵能力才能全面提高。已经具有较为丰富知识的干部,要在带兵实践中把知识转化为带兵的能力,这样才能发挥知识的巨大力量。

三、心理素养

(一)自信心的培养

自信心是一个人最基本的内在心理素质。中华民族千百年来自强不息的民族精神,就是民族自信心的生动体现。一个人自信心的强弱,将在很大程度上决定他的前途和发展,决定他如何规划自己,发展自己,塑造自己。因此,自信心的培养是军人心理素质培养的核心部分。

1. 自信是成功的第一要素

自信是成功的第一要素,一名优秀的军人首先是充满自信的人。毛泽东就是一位极具自信心的人。他领导的红军经历了世界上任何一支军队都没有经历过的,天上有飞机、地上有大炮、前有堵截,后有追兵的艰苦卓绝的、胜利的两万五千里长征;刚建国的中国人民还站在战争的废墟上,国外几乎所有的军事家都认为中国没有能力出兵朝鲜。美国最高指挥官麦克阿瑟坐镇日本东京"帝王大厦"遥控指挥,认为朝鲜战争"赢定了",中国军队出兵参战的可能性很小,即使出兵,也不过是少量的"志愿人员",根本"不堪一击",甚至狂妄断言:"打过鸭绿江,回家过圣诞节"。而毛泽东以一位政治家和军事家的大智大勇做出了抗美援朝的决定,并打得美国人在停战书上签了字。

英国原首相撒切尔夫人回忆与邓小平的会晤时说道:"他的坚定、自信,给我留下了十分深刻的印象"。法国拿破仑的副官在回忆他的主帅时这样写道:"他极度

自信,每做一项决定,都自认为无比正确,并相信一定能够实现。"我们可以回想一下自己所遇到的有魅力、有成就、有影响的人,他们的言行举止中一条非常具有共性的优点是:他们都有强烈的自信心。自信,使他们在纷繁复杂的外部事物面前,尽显英雄本色,从容果断地处理各种事物,坚定不移地实现一个个目标,从而在工作中屡屡取得成就。

我们身边的许多优秀带兵干部正是具备了这种品质特征。他们有强烈的自信心,勇于承担责任,敢于直视困难,对事业和工作始终充满着坚定信念和旺盛斗志,在任何时候都能果断决策,果断指挥,直到取得预想效果。反之,有些干部在管理部队时缩手缩脚,在工作中瞻前顾后打不开局面,很重要的一个原因就是缺乏自信。自信心不强使他们在关键时刻不敢确信自己的能力,左右摇摆拿不定主意,不敢大胆施展自己的才华,不能果断决定管理指挥,因而在部队中形不成强有力的领导形象。很多事实说明,自信心,是军官带兵素质中最基础的、最核心的东西。离开了自信,军官的许多良好作风就难以形成,其聪明才智也难以发挥。因此,不加强自信心的培养,就不能成为一名优秀的军官。

2.相信自己能成为优秀带兵军官

观念决定发展,思想造就人才。相信自己能成为一个什么样的人,这是心理学家的忠告和成功者的体验。每一位千古传颂的英雄人物,他们一开始都是普通人,"谁第一声啼哭都不是一首优美乐曲"。之所以后来有的人变得越来越自信,越来越成功,是因为他们在成长过程中更多地接受外部社会的欣赏赞扬和内心自我肯定的结果,以至于在他们的头脑里形成了"我行"、"我可以很成功",甚至"我比别人强"、"我能主宰一切"的意念。

美国前总统富兰克林·罗斯福年轻时少有建树,很少为人瞩目。以至于在他的婚礼上,前来赴宴的来宾们,纷纷围绕在他的叔叔当时的总统老罗斯福身边嘘寒问暖,而婚礼的主角罗斯福却独自一个人在大厅的角落;英国首相丘吉尔,少年时表情木讷,说话口吃;苏联统帅斯大林,是一个修鞋匠的儿子,出身卑微。但他们最后都凭借着自己不懈的努力,成为一国军队的最高统帅。所以说:"人的生命是一个无尽的宝藏,一个需要点燃的火把",就看你如何开发、点燃他。给自己一些信心,给自己一些热忱,就会让生命释放出"连自己都惊奇的能量。"

年轻的国防生,你们的文化程度、智商水平、军事素质都较高,具备军队干部的基本条件,都有可能成为优秀指挥员。只要对自己充满信心,相信自己一定能成

功,只要把所具有的才能、潜能充分发挥出来,就能把成功的希望变成现实。为此,从现在起,要充分相信自己,相信自己能成为一名出色的军队指挥员,在头脑中勾画出一幅美好远景图,并按照自己设定的方案,一步一个脚印地、坚持不懈地去实现自己的理想。这样用不了多久,你就会越来越看到自己的进步和成绩,就越能增强自己的自信心并且任意发挥了。

但是,通往佩戴将星的漫漫旅途上是没有人给你铺红地毯的,艰苦的军旅生涯中,一名初到军队的国防生会遇到很多自己意想不到的困难。可能在连队带兵不顺利,或者在机关不能很好地胜任工作;接连不断地挫折可能会产生自卑心理。这时候一定要坚定自己在军营建功立业的信心,并相信自己能够成功。不妨认真回顾思考一下自己的优长是什么?曾经取得过什么成绩、有过什么出色的表现。例如,在某次考核和演示中的表现受到领导和同志们的充分肯定;每天都按职责要求作了很多具体工作,虽是平平淡淡,也是实实在在为部队做出了贡献等,这些事实都说明你是有能力的。从人才成长规律上看,一个人的潜力恰恰就在这些优点和成绩中。当你把这些优点和成绩一一总结出来以后,就会发现自己并不是一个一无是处的人,而是一个很有用、很有价值的人。

今后可以经常把自己优点、出色表现和所做的事情一一记录下,从中发现自己的优势和潜力,并在工作生活中不断进行自我激励和自我肯定,这样坚持下去,你的自信心就会大大地增强。每个人都有自卑、畏惧的时候,许多人因为自卑,没有勇气选择;因为自卑,在事业上就不敢出人头地;因为自卑,就失去战胜困难的勇气;因为自卑,就得过且过,随波逐流。

因此,可以毫不夸张地说,自卑就是自我埋没、自我葬送。一个人要写出人生的大篇章,要想做一名真正的、出色的军官,就要摆脱自卑的困扰。自信是人生的一盏明灯,它照耀我们成才,照耀我们走向成熟的人生。所以,能否战胜自卑,树立自信,关键是鼓励自己向不可能的事情发起冲击和挑战,冲击了,挑战了,做成了一件自己原来感到很吃力、很难想象的事,就会获得一份自信。久而久之,你将成为一个充满自信,勇敢向上的合格军官。

(二)如何对待挫折

当你身着戎装、肩扛银星,带着理想和抱负踌躇满志地走上军旅第一任职岗位的时候,一定要牢记事业的大路并非平坦,人生之路必有坎坷,特别是作为一名刚由高校走向军营的大学生,必须正视自己年纪轻、处世

浅、经验少、热情高的特点,正确对待遇到的挫折,忍辱负重,从善如流,经得起各种挫折的考验,在部队军事实践活动的大风大浪中,摔打锤炼成才,提高自身的综合素质。

在军旅生涯中,高校国防生是部队的新鲜血液和生力军,多数是基层的一线指挥员,同战士摸爬滚打在一起。在工作和生活中不可避免地出现一些不悦之事,受到一些挫折。根据我们的调查,刚毕业的国防生干部可能常常遇到以下几个方面的挫折:

一是战士不服从管理;

二是受到不正确的批评;

三是不受上级器重和提拔;

四是工作突出但得不到奖励,等等。

除此之外,有一些在工作中预想不到的事发生,如因管理不善,战士私自离队,工作缺乏经验出现差错,因组织不得力,发生伤人损装事故等。当出现这些问题,受到领导的批评、组织的处理、同事的冷遇时,很容易产生心理和情绪上的落差。

1. 保持冷静的态度,多找自身原因

俗话说,"智者千虑,必有一失","人非圣贤,孰能无过"。工作出些差错,应该说是不可避免的正常现象,关键是出现失误后如何正确对待和处理。首先应该具备一颗冷静的心,想到自己已经是一位肩负重任的军官,应该正视遇到的现实情况,以客观正确的心态,静下来扪心自问,对照条令、条例及规章制度进行反思。本着对部队建设负责、对同志战友负责、对自己负责的态度,多从主观上找原因,总结经验教训,以此为鉴鞭挞自己,变坏事为好事,"吃一堑,长一智"。这样,才能不断充实、完善和提高自己。

2. 树立正确的进步观,正确对待名利地位

国防生干部满怀信心,干劲十足,欲在各自的岗位上积极工作,奋力进取,渴望自己工作有了成绩能及时得到领导的认可或重用,这种心理是可以理解的。但事实上,由于种种因素的制约,结果往往不能如愿。如自己"头三脚"踢开了,工作也很突出,但年终总结时,立功受奖榜上无名。又如和自己同期毕业的"同窗",比自己先晋升职务或军衔,还有的被选拔到上级机关任职等,这些情况都是对自己的考验。为此,要树立正确的进步观,不能过分地追求荣誉和功利,应该辩证地看待自己的成长历程。因为,一个人的成长进步不仅仅表现在立功受奖上,它还包括个人的思想觉悟、道德情操、工作能力、技术技能等各方面的素质,荣誉或功利只能代表成长进步的一个方面,而不能代表全部。真正的进步应该是在军旅生涯的实践中,不断提高、完善自己,发挥自己

的聪明才智,以此来实现自己的人生价值,为部队现代化建设做出更大的贡献。

3. 矫正虚荣心,增强自立自强意识

国防生干部通常上进心、荣誉感较为强烈,一旦受挫,切记不能图虚荣,产生"破罐子破摔"的思想,更不能怨天尤人,一蹶不振。要以忍辱负重和委曲求全的精神,增强自立自强的意识。要有自信心,相信依靠自己的力量,在任何逆境和挫折中不低头,百折不挠地战胜困难,用自己的行动,采取多种形式来弥补过失,勇敢地走向新的生活。

4. 变被动为主动,一如既往干好本职

有句话说得好"不怕丢脸,欢迎失败,才能笑视成功。"这就说明一个道理,挫折逆境不可怕,关键是如何调整自己,变被动为主动,丢掉包袱轻装前进。要有一种"在哪里摔倒,就在哪里爬起来"的勇气,从失败中吸取教训,在挫折中不断进步,迅速扭转局面。这就要求我们从根本上端正态度,以误警思,忘记不悦,多思慎行,重振旗鼓,由误谋法,以一种新的干劲和姿态,一如既往干好本职工作,用自己的形象、工作实绩,来赢得大家的认可、尊重和爱戴,这才是国防生干部的风貌。

(三)如何对待荣誉

也许是三年,也许是两年,也许是一年,也许时间更短,你成功了,金光灿灿的军功章挂在了胸前。用行动证明了你的才能,用事实证明了你无愧于母校的培养和期盼。战友们对你报以热烈的掌声,投过来一束赞许的目光,也许还要为你喝庆功酒呢。

有道是,成绩和荣誉既可以成为上进的阶梯,也可能变为后退的滑梯。在获得荣誉之时,也常常是失足的重要关头。所以要冷静下来,仔细想想荣誉是怎么来的,如何正确地对待荣誉,自觉超越荣誉。

想一想——荣誉应当归功于谁?诚然,成绩里头肯定包含着个人的努力。但任何成绩的取得,任何荣誉的得来,都离不开党的领导和战友的帮助。这就像大海中的一滴水,如果离开汪洋大海,顷刻之间就会干涸。一个人如果离开了党和群众,终将一事无成。我们在获得荣誉的时候,不应忘记党的培育之恩和战友的帮助之情,自觉摆正个人与组织、个人与集体的关系,把功劳归功于党和人民。

在这方面,老一辈革命家的高风亮节堪称楷模。1946年,朱德同志60寿辰时,毛泽东同志为他题词:"人民的光荣",周恩来同志赞誉他是"中华民族的救星,劳动群众的先驱,人民军队的创造者和领导者。"而朱德同志却谦逊地说:"解放军打了很大的胜仗,很多人说是

我的功劳,我就知道这是他们把我作为人民解放军的代表来说的。我个人应当认识,解放军的胜利是全体同志的功劳,我不应该去夸大我自己有什么了不起的本领。我的能力有限,做的事也很有限,怎么能承受得起这么大的荣誉呢?"共产主义战士雷锋,入伍后多次立功受奖,获得标兵、模范称号,但他从来没有把这些看成是个人的功劳。他在日记中写到:"我的一切都是党给的,光荣应该归于党,归于热情帮助我的同志。"老一辈革命家和雷锋同志这种宽阔的胸怀和谦虚美德,永远值得我们学习。

想一想——还有什么缺点和差距。一个人无论功绩多大,荣誉多少,总有缺点或错误、弱点或不足。荣誉是对已取成绩的肯定,并不意味着缺点的消失,是对某一方面的褒奖,并不说明各方面十全十美。如果只看到自己的长处而看不到短处,就会盲目乐观,止步不前。因此,应当善于在荣誉面前找差距,在赞扬声中看不足,始终保持戒骄戒躁、永不自满的美德。

想一想——该不该居功捞实惠。有的人获得了荣誉,再遇到入学、提升、分房子之类的事,动不动就说:"我立过功、受过奖,还获得过什么荣誉,我应当靠前。"

既然荣誉是党和人民给的,你凭什么再拿它给自己换实惠？早知这个样,当初荣誉就不应当给你。水能载舟,亦能覆舟,不信你走着瞧！

想一想——如何再创新成绩。荣誉只能说明过去,不能代表未来。有了荣誉不能躺在"功劳簿"上沾沾自喜、安于现状,要"百尺竿头,更进一步",不断创造新的荣誉。现实生活中经常出现昙花一现的人物,原因就在于他们获取荣誉之后,或是骄傲自满,脱离群众；或是满足现状,不思进取,这样的教训值得记取。荣誉不但要争取和创造,而且要保持和发扬。从某种意义上说,保持荣誉是一种更大的考验。这就要求大家把已经获得的荣誉当做新的起跑线,而不是终点站,面向未来,继续努力,不吃老本,再立新功。

想一想——远大理想在哪里。你是一名国防生干部,你的远大理想是为共产主义事业而奋斗,为国防现代化事业而努力,这在你的《献身国防志愿书》、《入党志愿书》、《入团志愿书》里,都可以找到。有了这样的理想,就不会为荣誉所困、所累,就应该自觉超越荣誉,目不旁视,朝着自己的远大目标奋勇向前！

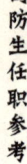

第五章

军事院校学习中需培养的几大能力

概 述

具备胜任岗位工作的能力是国防生军官在部队安身立命的基础。所以,以下几个层面的能力培养便显得举足轻重,也是国防生学员在军事院校培训的重心所在。

一、基础军事知识及初级指挥能力

(一)基础军事知识

基层指挥员是军事知识和作战技能传递、发展的链条和纽带,起着连接官兵之间军事知识和作战技能"接力棒"的作用。所以,基层军官的军事知识和技能水平与部队战斗力的形成息息相关,也与自身的成长发展息息相关。

(二)初级指挥能力

初级指挥能力简言之即是在基层指挥岗位能够搞好训练,带好部队的能力。以排长为例,初级指挥能力主要体现在其日常工作中。

排长是军官队伍"宝塔"的塔基。排是由军官领导的最基本的建制单位,各层次首长命令、指示最终都要通过排长来贯彻落实。同时,排长作为士兵的直接领导,对士兵的影响是其他军官不可替代的。此外,排长因是军官队伍的基础,是各级各类军官的主要来源,其素质和能力如何,无论对基层建设,还是整个军队建设都有举足轻重的地位。

排长具有组织领导作用。任何一个整体都需要按照组织的目标建立起统一有效的管理系统,并根据各个时期不同任务所规定的具体目标,合理地组织人力、物力、财力等管理资源,以取得最佳的效益。而管理者对组织内成员实现既定目标的行为所施加的影响则显得尤为重要。对一名排长来说,既要发挥组织作用,也要发挥领导作用。要根据不同时期的任务特点及本排实际,合理而科学地进行组织,尽可能发挥各班骨干及每

个人的优长,统筹安排好各项工作。

1. 切实做到依靠法规制度管

要严格落实部队关于基层建设的各项法规制度,一切按规章制度办,做到有章可循,有法可依,使依法从严治军在连队得到贯彻落实。

2. 切实做到依靠计划科学管

要严格落实连队的按纲建连计划,并结合本排实际,认真做好排里的工作安排,在贯彻落实过程中,加强检查和控制,及时纠正偏差,使全排工作避免脱离连队总体目标要求,达到高质量、高标准地完成各项任务。

3. 切实做到依靠骨干层次管

要发挥各级、各类骨干的带头作用、指挥作用、助手作用、桥梁作用和凝聚作用,使全排形成合力,达到统一思想、统一意志、统一行动,圆满完成连队交给的各项任务。

4. 切实做到依靠群众民主管

要畅通民主渠道,发挥群众的监督功能,注重调动士兵参与管理的积极性,充分发挥他们的聪明才智,使排里的建设有声有色,充满生机和活力。

二、表达能力

古希腊的政治家和军事家培里克里斯曾说:"会思

考但不知如何正确表达他的思想的人,无异于那些不会思考的人。"一个优秀的基层指挥员,必须具备正确的表达能力,能够在复杂的情况下正确进行逻辑推理,决定取舍,做出决定。还必须能清楚地表达出来。而且,这种表达能力必须根据接受对象的实际水平采取适当的表达方式。

例如,毛泽东在驳斥蒋介石妄图窃取抗战胜利果实的错误舆论,阐述抗战胜利果实应当归谁所得的问题时,这样说道:"抗战胜利的果实应该属谁?这是很明白的。比如一棵桃树,树上结了桃子,这桃子就是胜利果实。桃子该由谁摘?这要问桃树是谁栽的,谁挑水浇的。蒋介石蹲在山上一担水也不挑,现在他却把手伸得老长老长地要摘桃子。他说,此桃子的所有权属于我蒋介石,我是地主,你们是农奴,我不准你们摘。我们在报上驳了他。我们说,你没有挑过水,所以没有摘桃子的权利。我们解放区的人民天天浇水,最有权利摘的应该是我们。同志们,抗战胜利是人民流血牺牲得来的,抗战的胜利应当是人民的胜利,抗战的果

实应当归给人民。"① 毛泽东是一位大学问家,但他在发表文章和演讲的时候都非常注意用朴素的语言表达深刻的道理。毛主席的这一作风是我们基层干部学习的楷模。

(一)公文写作能力

公文写作是机关工作人员的基本功。要顺顺利利地在机关工作,长久拿不起笔来是不行的。从锻炼提高自身素质的角度看,学习写作也是十分有益的。文如其人,文如其面。写作能力是一个人整体素质的集中反映。公文写作不是纯粹的文字工作,公文写作上的差距既反映了文字功底上的差距,又反映了理论水平、思想水平、认识能力上的差距。

(二)语言表达能力

语言表达能力在部队工作中非常重要,下面以汇报工作为例谈谈这个问题。

汇报工作,就是将自己和单位的有关情况汇总向上级汇报。汇报是信息传递的过程,一般带有中介性质。工作中的成绩和经验,合理化建议和良好的愿望,通常

---

① 毛泽东. 抗战胜利后的时局和我们的方针. 毛泽东选集(第 4 卷)[M]. 人民出版社:P1124~1134.

都可通过汇报形式向上级传递。要重视向领导汇报这件事,它便于上级对本单位或个人的情况加以了解和掌握,有问题还可以得到领导的直接指导和帮助;有利于宣传本单位先进事迹、先进经验和典型人物,激励大家做好工作;有利于与上级领导沟通思想、交流感情、增加了解、加强相互之间的联系。所以说,汇报是一件比较重要的工作,不可等闲视之。

汇报如果按时间划分,可分为定期汇报(月份汇报、季度汇报、半年汇报、年终汇报)、阶段汇报和随机汇报;按内容及其涉及的范围划分,可分为全面汇报(工作、学习、思想、生活)、专题汇报、单位汇报、个人汇报;按汇报的对象划分,可分为集体汇报、个人汇报;按汇报的重视程度划分,可分为正式汇报、非正式汇报;按汇报的表现形式划分,可分为口头汇报、书面汇报(文字报告)。

不言而喻,口头汇报是最常用的一种形式,它具有快捷、及时、灵活等特点。那么如何做好口头汇报呢?在部队我们经常可以看到这样的情况:有些新排长虽然很努力地做了大量工作,也确实做出了一些成绩,可一到汇报时,或者是抓不住汇报的重心而显得平平淡淡;有成绩反映不出来,有问题讲不到"点子"上;有经验总结归纳不上层次,所以很着急。对此,建议新排长应当认真研究掌握汇报的基本方法和常规。

1. 领会上级意图，确定汇报主题，做好充分准备

上级组织汇报，通常有一定的针对性和目的性。如有些领导需要了解全面的情况，有的则需要单项的情况，有的要类似于总结性的情况等。新排长汇报工作首先要领会上级组织汇报的意图，上级通常会明确汇报的目的。如果没有明确，就要认真分析判断上级可能需要的资料重点，如果拿不准，可以在汇报的前言中表明自己汇报内容的性质。必要时，还可在汇报前请示领导，搞清楚上级的意图。如果上级要全面的情况，你不能总汇报某方面单项情况；上级要训练的情况，你不能总讲业余生活或者汇报其他方面的情况等，防止偏差，防止跑题；上级要求查找问题、总结经验教训，你不能一味地肯定自己的做法，防止汇报"错"。因此，领会上级意图，明确汇报方向，是汇报工作抓住要害的前提和保证。

根据上级意图，抓住主要矛盾，提炼汇报思想。明确汇报的方向后，你就要针对汇报要求确立主题。确立主题是一件需要认真开动脑筋的工作，主题要新而有特色，需要把平时收集和掌握到的情况进行去伪存真、去粗取精，抓住主要矛盾，写出汇报提纲。要注意提炼素材，素材也就是我们所说的平时收集和整理的情况，素材要全面正确，不能断章取义或凭空捏造。

其实，部队的基本情况大家都看得到，但能从大家看到的情况中提炼出新意,提出自己有创见的思想看法,就是不容易做到的事情了。提炼问题的水平来源于平时对有关事物的细心观察和思考,没有勤于学习、广泛收集情况和资料的习惯,是做不出正确判断的。没有善于认真总结经验教训,注重不断吸收和借鉴自己与别人的经验教训的能力,不可能提出有建设性的思想看法。所以,汇报也是检验一个排长工作水平高低、观察问题和判断问题能力强弱、反映问题和解决问题能力高低一个观察点、反映点。例如,毛泽东在张思德同志的追悼会上所作的《为人民服务》的演讲,就是我们学习的榜样。在艰苦卓绝的革命战争年代,死人的事每天都会发生,一场恶战下来牺牲的同志不计其数。但毛泽东在张思德这样一个普通士兵的追悼会上,提炼出了中国人民解放军"全心全意为人民服务"的根本宗旨,体现出了革命领袖高屋建瓴的理论水平。

汇报不要面面俱到,不要平平淡淡,不要说大话空话,要用事例、数据讲话,要实事求是,不要随意拔高。对做法经验,不要夸夸其谈;对工作中的问题的分析,不要轻描淡写、一带而过。

如曾任军委副主席的张震将军,他到部队开座谈会或视察,最不喜欢长篇大论作报告,而喜欢见缝插针提问题。将军所提问题,一针

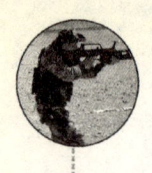

见血、一语中的,常常使弄虚作假者原形毕露,无地自容。1997年初夏,张震视察某部,与部队的将、校军官10余人座谈。某部领导发言时,将军突然询问:"一个战士津贴费是多少?"在座的将、校官皆沉默,竟然没有一个人能回答。张震话锋一转,说:"旧中国有一个军阀,叫张宗昌,人称'三不将军'。一是不知自己有多少兵,二是不知道自己有多少枪,三是不知道自己有多少小老婆。"在座的将、校官听后都面红耳赤。1997年5月20日,张震视察驻港部队大渡河连。将军问该连司务长:"一个鸡蛋有多重?"司务长回答:"一两左右"。又问:"一两有多重?"司务长答:"一两50克。"张震又问:"最大的鸡蛋多少克?"司务长答:"70克左右。""最小的多少克?"答:"50克左右"。将军高兴地说:"这个司务长行,他上街买过菜。"如果碰到张震这样熟悉部队情况的首长,他就会提出一些非常贴近部队实际的问题,而汇报者华而不实、夸夸其谈的言辞一定会受到批评。

2.讲究汇报的艺术和方法

这里主要谈口头汇报的艺术和方法。

第一,要精心准备汇报材料。内容通常包括:连队的基本情况,主要特点及做法,存在的问题及解决问题的对策。

第二,汇报时要尽可能做到语言流畅,生动形象,亲切自然,引起领导注意,增强汇报的感染力。用客观的态度汇报成绩,不能得意忘形,忘乎所以;用真诚的态度汇报问题,既有对存在问题的深刻认识,又不失去改正的信心;用诚恳的态度提出建议,赢得上级的同情和支持。善于审时度势,随机应变,根据当时的气氛,察言观色,上级感兴趣、想进一步了解的问题,可视情况多汇报一些;不想听得,特别是上级熟悉的情况,少汇报一些或者干脆不汇报,不要用大话套话来汇报。

第三,要注意控制汇报时间。如果当时间较紧,特别是首长工作紧张的情况下,要重点突出、精简内容、讲出特色,不要念稿子。要注意不能把汇报时间全部占满,要留出一定时间给首长提问、指示用。

第四,反映问题及需要解决的问题时,要重点突出,切忌"眉毛胡子一把抓",罗列出困难一大堆,使首长无从下手。要突出需要解决的主要问题和困难,请首长注意帮助解决。

第五,汇报一定要实事求是。要抱着对工作、对同志高度负责的态度,实事求是的谈问题,发表自己的看

法。当首长询问时,知道的,实事求是地讲,不知道的,不要随意想象。是否能实事求是的汇报工作,反映出一个人的思想本质,如果在汇报中推功揽过,则显示出一个人良好的品格修养;如果对自己的成绩夸夸其谈,把汇报当成表现自己,诋毁别人的机会,这种做法要不得。切忌讲成绩天花乱坠,讲问题轻描淡写,讲缺点遮遮掩掩,甚至知情不报,重情轻报,急情缓报,隐情不报。

三、人际交往能力

美国的成功学专家戴尔·卡耐基曾说过:"一个人事业的成功只有15%取决于他的专业技能,另外的85%要靠人际关系和处世技巧。"不管是不是真的如他所说,但有一点是可以肯定的:在工作中与人相处的能力的确非常重要,有时甚至会超过工作本身。

(一)以诚待人

《大学》中说:"古之欲明德于天下者,先治其国;欲治其国者,先齐其家;欲齐其家者,先修其身;欲修其身者,先正其心;欲正其心者,先诚其意。"也就是说,一个人无论从事什么工作,成就多大的事业(治国、平天下),人品永远都是第一位的(修身),而人品的第一要素就是诚信(正其心、诚其意)。做事如此,做人也是这样。建立良好人际关系的一个重要因素就是自身的人格魅力。人格魅力来自于完整的人格,而人格的核心就是真诚,真诚待人、恪守信义则是赢得人心、产生吸引力的必要前提。因此,我们每个人在待人接物时都应该心眼实一点、心诚一点、守信一点,这样自然能更多地获得他人的信赖、理解,得到更多的支持、合作,也能交到更多的、真诚的朋友。另外,我们在交朋友时应小心慎重,要有选择、要知人而交。正如俗话所说:"近朱者赤,近墨者黑。"好的朋友是事业和生活中的伙伴,我们可以敞开心扉、彼此鼓励、相互促进,从对方身上获得力量。他们是我们人生中的财富和生活给予的馈赠。而坏的朋友却能使我们偏离正确人生的轨道,失去进取的意志,最终沉沦下去……因此,在你抛出一片赤诚之心前,先看看站在面前的是何许人也,他值不值得你这么做。对还不了解的人应有所戒备,正所谓"害人之心不可有,防人之心不可无"。如果是已经基本了解、可以信赖的人,就应该开诚布公、坦诚相待,多一点信任与真诚,少一些猜疑与戒备。

(二)工作好坏是部队里人际关系好坏的前提

部队是一个由很多人组成的复杂的社会团体。正是由于人多而杂,才会发生各种各样的问题和矛盾。特

别是在工作当中,如果处理不好与领导、同事等之间的人际关系,我们每一天的工作都不会愉快,工作也很难取得进步,甚至于落到尴尬的境地。为了促进工作的顺利进行和事业的发展,我们一定要与周围的人建立起良好的人际关系,其中包括领导、前辈、同事、下属以及其他与自己工作有关的人。

首先,人际关系主要分为两种:私人关系和工作关系。

在私人关系上,最好的就是具有家庭氛围的人际关系:大家相互尊重、相亲相爱,好像一家人一样。可是,在部队里的人际关系如果只是这样的话,是不充分、不全面的。部队里的人际关系主要是通过工作建立起来的,主要是指工作上的人际关系(简称为"工作关系"),而工作上理想的人际关系就是"没有内耗、一致对外":同事之间在工作上能同心协力、相互合作,一起向着共同的目标奋斗,能有效地完成工作,并在此过程中共同得到提高。

如果自己在工作上经常出错,经常给别人添麻烦,拖所在单位"后腿"的话,即使原来人缘再好,时间长了,领导也会对你失去信任,别人也会渐渐地远离和疏远你。而你也容易产生诸如"领导对我个人怀有成见"、"他们在故意找我麻烦"等褊狭的不满了。因此,不管在哪个单位,我们在处理人际关系时,都应立足于高效率地实现既定目标这个根本(也就是顺利地完成工作与任务)。如果和谐融洽的人际关系不与有效地完成工作、实现共同的奋斗目标相协调的话,是没有多大意义的。

其次,就人际交往而言,学校与部队是不一样的。

我们在学校里人际交往的范围极其有限,很可能只选择与自己兴趣相投、性格相合的人交往。可是成为干部后决不能这样做!在部队里,不光有与自己同龄的人,还有比自己年长的、年轻的,与自己职位不同、经验不同、立场和责任不同的人。在这些人当中,更多的是与自己爱好各异、性格不符、工作观念不同的人。也许我们会和对方合不来、彼此看不顺眼,但也必须在一起工作,因为这是部队,不是学校。这就需要我们抛开个人成见,努力用理智控制自己的情绪,尽可能避免因个人的偏见和冲突影响工作,还要试着和这类人建立起良好的工作关系。虽然这看似可笑,同时也很困难、很无聊,可这是必需的!但这样做很有挑战性(要做到这些,需要很高的情商),对自身的帮助也非常大。

再次,要分清"纵"向关系与"横"向关系。

在部队,与领导、前辈、属于"纵"的关系,与同事是"横"的关系。从个人方面来说,当然是以"横"的关系为主。可是在部队里只注重"横"的关系是不够的。因为

从工作方面来说,"纵"的关系更为重要。所以,一定要把握好"纵"与"横"的关系,这样才能够顺利、愉快地工作。

最后,要时刻提醒自己:部队的有趣之处恰恰在于能接触到各种各样的人。正是由于进入部队这个大学校,我们得以和不同年龄、不同职位的人广泛接触,得以锻炼自己,不断提高自己。所以,与其为人际关系而烦恼,不如把这看成是扩大自己视野、增长见识的好机会。怀着这样的心情和他人交往,自然能和别人和睦相处。最重要的是,工作起来也会很愉快。

(三)工作中摆正自己的位置

除了上述几点外,工作中还应清醒地认识到自身的角色,摆正自己的位置。

读过《三国演义》的人也许都记得:曹操出兵汉中,与刘备相持不下,进退维谷。夏侯惇入帐,禀请夜间口号,当时曹操正在喝鸡汤,便随口道:"鸡肋。"行军主簿杨修听传"鸡肋"号令,便叫军士收拾行装准备归程。夏侯惇不解,问何故。杨修说:"今日号令,便知魏王不日将退兵归也:鸡肋者,食之无味,弃之可惜。今进不能胜,退恐人笑,在此无益,不如早归。

来日魏王必班师矣。故收拾行装,免得临行慌乱。"于是各营军士皆打点起行装来。曹操闻之大惊,斥责杨修:"汝怎敢造言,乱我军心?"喝令斩之。

曹操杀杨修,后人多有评说。清初毛宗岗说:"杨修之死,在于'不善处人骨肉',夫以正直忤操,则罪在操;以不正不直忤操,则罪在修。故修之死,君子于操无责焉。"

想想也是,就算杨修说的话是对的,可他做的事百分之百是错误的。他作为曹军中一名干部(行军主簿,类似于参谋),不思考怎样做好自身的工作(出兵汉中,征刘备),却费尽心机去揣测领导的意图(鸡肋)。当发现工作中的问题时(与刘备相持不下,进退维谷),非但没有从对工作负责的角度,有建设性的向领导提出意见(以正直忤操)。反而得意忘形,为显示自己的小聪明而不顾自身身份,四处散布消极言论、乱表态(今日号令……故收拾行装,免得临行慌乱),动摇军心(以不正不直忤操),当然是自寻死路(不善处人骨肉)。

我们每个人都应该反省一下,看看自己是否存在和杨修一样的缺陷。

(四)摆不正位置的两种常见表现

1. 不满自身工作,经常发牢骚的人

首先要说,"叽叽歪歪"无法解决问题。发牢骚不但改变不了现状,还会招致别人的反感,甚至是憎恨,从而给自己惹来不必要的麻烦。不如把精力放在工作上,学会适应与忍耐,然后试着去改变它。

2. 乱表态的人

我们领会领导的意图,是为了把工作做好,不是为了以此来显示自己的小聪明。更不能随意曲解领导的意思,说一些不负责任的话、乱表态。要知道,聪明的最高境界是大智若愚。正如鲁迅先生所说:"敏于事,慎于言"。

人际关系是非常复杂的,可谓如临深渊、如履薄冰,每一步都要小心翼翼。而人际交往的方法也是多种多样的,我们只有在实践中不断地思考、不断地反思,并及时调整自身去适应,才能在这纷纷攘攘的人际圈里找到自己的位置。

四、落实能力

一切在于落实!

落实能力是培养工作能力的关键环节。它不同于实践,实践是以过程为导向,而落实是以结果为导向。换句话说,实践就是要你动手去做,落实却要求你做出结果,而且是尽可能的、最好的结果。

落实包括责任感和执行力。责任感是做事的态度,执行力是做事的能力。前者决定愿不愿做事,后者决定能不能做事。二者结合,决定你会不会做事。只有会做事的人,才是能够交付重要工作的人,才是值得别人充分信任的人。

(一)落实的本质是责任感

责任感与责任不同。责任是分内应做的事,责任感则是对待这些事情的态度。态度决定一切!学习是这样,工作更是如此。我们在工作过程中,是充满责任感、尽自己最大的努力去完成,还是敷衍了事,决定着我们成功或者失败。

培养责任感的三个途径:

1. 对自己和周围的人负责

每个人都肩负着责任。对自己、对家庭、对亲人、对朋友、对工作、对领导、对战友等,我们都负有一定的责任。正因为担负着这样或那样的责任,我们才会对自己的行为有所约束。而对别人负责,是从对自己负责开始的,这个道理很简单,可很多人却没有做到。人都有惰

性,回想一下,你有没有因为惰性而放松学习,有没有因为惰性而极少锻炼,有没有因为惰性而没有去做一些你已经认识到的应该做的事情……如果有,那么可以说你的表现是对自己不负责任。

对自己负责就是要把自己朝一个好的方向培养,不断地锻炼自己、提高自己,努力克服自身存在的诸多缺点,竭尽全力地完善自己。在工作中、生活中最大限度地体现自身价值,承担起对别人、对工作、对社会的责任,塑造起自己高尚的人格,做一个完全意义上的人,不负此心、不负此生!

在对自己负责的基础上,我们要承担起对周围的人的责任。对父母我们斑衣戏彩、寸草春晖,对妻子要相敬如宾、体贴关怀,对儿女要悉心抚育、耐心教导,对亲人要情真意切、血浓于水,对朋友要相互尊重、肝胆相照,对战友要彼此促进、共同提高……

从这个角度来讲,担当责任,不仅是能力,更是我们必备的素质和应尽的义务。

2.对工作负责

工作就意味着责任,每一个岗位所规定的工作任务就是一种责任。我们从事这份工作就应当担负起这份责任,并对担负的责任充满责任感。一个人责任感的强弱决定了他对待工作是尽心尽责还是浑浑噩噩,而这又决定了他工作成绩的好坏。

　　责任感强的人对于交付给他的工作,不管是大事小事,都能够认认真真地完成。就算他的能力不够,但他的责任感也会驱使他不断地学习、不断地取得进步,以此弥补自己的短处,这样的人才能把工作做得出色。因为,对于有责任感的人来说,工作不仅仅是完成了就行,而是要让自己满意、让他人满意。只有这样,才能无愧于他人的信任,无愧于自身的工作。相反的,对于没有责任感的人,即使其具备了很强的工作能力,但责任感的缺乏将导致他对工作漫不经心、应付了事;而懒散敷衍成为习惯时,做起事来肯定是乱七八糟。长此以往,人们必定会轻视他的工作,从而轻视他这个人。

　　所以,我们对待工作应充满责任感。而拥有责任感并不困难,难的是让责任感成为我们脑海中一种强烈的意识,深入到工作中的每一点每一滴,并一直坚持下去。但不管怎样,责任感是必须培养、也完全可以培养起来的,如注意工作中的细节、做好每一件小事就有助于责任感的养成。每天带队出早操、训练时跟班作业、夜晚时查铺查哨、积极准备每一次会议、认真落实每一项工作等,当这些做法慢慢地养成,成为自己一种生活态度的时候,我们就会自然而然地担负起责任,而不是刻意地去做。当一个人自然而然地做一件事情时,是不会感

到麻烦,不会觉得劳累的。

3. 对社会负责

我们向社会学习的过程同时也是认清自己作为一个社会人所应肩负的责任的过程。在此过程中,我们逐渐认识到自己在这个社会中的地位、发挥的作用,以及与此相应的责任和义务,并努力地担当。

我们刚进入工作岗位时,可能只知道责任感决定着我们工作成绩好坏,而成绩的好坏影响到我们自身的成长进步,却没有意识到工作的本质。但随着我们对社会学习的不断深入,就会认识到工作来源于社会的分工。我们做好工作不仅是自我发展的需要,同时也是承担社会所赋予的责任,而对社会责任有担当了,我们的个人价值就能得到最大的实现。正如钟南山院士("非典"时期的著名医生)所说:"最大的正直就是做好自己的工作。"

(二)落实的体现是执行力

执行能力包括了具体的工作能力和开展工作的方法。工作能力需要不断地学习、不断地实践,没有捷径可言。而工作的方法我们却可以直接或间接借鉴。当过文书的人可能都知道:部队每一项活动都要求事前有计划、事中有方案、事后有总结。其实,就这是工作的方法。

一般的工作方法分如下几个步骤：

1. 确定工作目标

根据机关年初下发的工作计划，了解大概的工作目标；结合单位的实际情况和大概的工作目标，确定单位的工作目标；确定的目标要明确、要具体、要唯一、要可以衡量；目标应当是通过努力能够实现的。目标可以稍微定高点，"欲取其上者，得乎其中"。

2. 计划要合理

计划要合理，在计划中利用差距分析法：在工作上和非工作上，从事长远规划的设计，锻炼计划能力对于工作，至少在一个星期以前就筹划完善，知道做什么和如何做；考虑风险因素，制定预防和解决的措施；当被指定从事某一专门工作时，在开始动手之前，详尽地规划工作的步骤、方法；每晚写下明天要做的事情，并按照重要程度排序；要从局外人的角度来考虑自己的计划。

3. 控制要有效

控制要有效，确定自己的工作符合单位的工作计划；将自己的工作划分为几个部分，并为每一部分建立标准；了解所在单位人员的特长，分清"点悟"和"自悟"，合理安排工作；了解所在单位各成员的职责及主要负责人的控制幅度；控制好时间节点；做到今日事今日毕。

4. 反馈要及时

反馈要及时,注意倾听别人的意见,特别是反对的;定期检查工作成效;注重收集资料,并知道如何处理资料,以及它在工作中的地位;努力建立反馈渠道;对反馈的信息要及时回应。

5. 总结要及时

总结要及时,在工作上和非工作上都时常练习归纳事情的重点,特别是对复杂的事情;要善于总结经验教训,特别是失败的。失败的原因是什么,能不能改变,接受不能改变的,多关注能够改变的;在工作上和非工作上都要学会运用总结。

第六章

任职后需要第一时间掌握哪些情况

概 述

每一个朝气蓬勃的国防生军官走出院校,来到部队,都怀有满腔热情、远大理想和抱负,渴望用自己在院校学到的知识,到部队一展宏图有所作为。但有的结果却大相径庭:有些同志到部队后能够很快打开工作局面,做出了明显的成绩;而有些同志却只有热情,效果不佳。其实,无论哪一级领导,对到一个新单位任职,最忌讳的就是情况不明决心大。情况明决心大,才能达到动机与效果的统一;情况不明,决心越大越糟糕。

年轻的军官上任后,第一件事是及时掌握情况,正如兵法上说"知己知彼,百战不殆"。过去打仗如此,现

在带兵依然如此。只有在清楚地了解情况之后,才能够很快地进入"角色",打开局面。然后根据实际情况,确定自己近期的工作方针、工作计划、工作重点,只有这样才能使自己的远大理想逐步成为现实。一般来说,主要从以下几个方面着手了解情况。

一、尽快了解旅、团党委的年度工作安排

旅、团党委的年度工作安排,是旅、团全年的工作部署,排长掌握了这个全局,实际工作中才能有的放矢,充分发挥主动性和创造性,才不至于陷入工作的盲目性。有些单位组织上岗前培训,目的就是让刚分配来的干部了解全局,在抓工作落实的过程中,目标明确,思路清晰,而不至于"胡子眉毛一把抓"。

如果没有机会进行上岗前的培训,排长要主动向连长、指导员索取这些资料。主要包括:

(一)旅、团党委工作意见和年度工作指示

通过旅、团党委工作意见和年度工作指示,主要了解旅、团党委的工作任务、工作重点、工作目标、工作思路、具体要求等。

(二)各个业务部门的具体工作意见

通过各个业务部门的具体工作意见,主要了解军事训练、政治工作、行政管理、后勤保障、技术工作的内容，注重了解年度的重点工作，包括完成时间、具体标准和要求等内容。有些重要的部分要进行摘录。但需要特别注意：凡是密级等级的文件，要有选择地摘录，不可以全文抄录，更不可以复印带走。

二、尽快摸清组织和人员情况

组织和人员情况，是需要掌握的最基本情况，不了解清楚就无法开展自己的工作。尽管自己是排长，连队的一些基本情况也需要掌握，因为不了解连队全局，排里的工作必然处于被动应付的状态。

（一）要了解本排人员的编制

要了解本排人员的编制。比如，本排现有、超缺编人员情况，战士何时何地去了哪里，何时归队。

（二）了解本排战士的基本情况

每个同志的性格、特点、兴趣、爱好、身体状况、家庭情况、出生年月、家庭住址、婚恋情况和目前思想情况等，都要了如指掌，做到心中有数，以便更好地开展工作。

(三)连队各种组织情况

连队党支部有哪些人员组成以及活动开展的情况，排里党员、团员的思想，骨干队伍名单和素质情况。

(四)要了解连队干部的情况特点、工作方法

具体是要了解连队干部的特点、工作方法，以便更好的配合工作。

三、尽快熟悉武器装备情况

武器装备是部队战斗力的重要组成部分。新排长到任后，应该尽快熟悉掌握所属的武器装备。

(一)要掌握编有超缺情况

排长对所属的武器装备，大到车辆、火炮、坦克、装甲车，小到枪支、指南针、电脑、小型训练器材和各种各类附件，都要做到非常熟悉，并且登记造册，缺损情况应及时向连队报告并争取及时调整。

(二)要对武器装备性能充分了解

各部队配发的武器装备不一定完全统一，对武器装备的技术性能需要进一步深入细致地学习和研究。武

外国人绘制的中国轻武器步枪家族

器装备的新旧程度和质量情况也需要新排长做到"心中有数",以便在军事训练和执行各种急难险重任务时发挥其应有的作用。

(三)要熟悉各种制度

车辆、火炮和各类轻武器都有一系列的使用、保管、维护保养制度,新排长都必须尽快熟悉掌握。

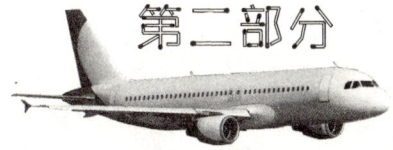

第二部分

初临岗位如何胜任本职工作

Ⅰ. 带兵方法和管理艺术篇

第七章

怎样认识带兵的地位和作用

概 述

军事工作概括起来,主要是带兵、养兵、练兵、用兵。"四兵"都很重要,然而带兵却有着自己独特的地位和作用。一个普通的老百姓,从步入军营到成长为一名合格的军人,在很大程度上要靠军官和士官的管理、教育、训练和带领。做好带兵、管好部队,是军队生存发展的重要条件,是做好各项工作的重要基础,是巩固和提高部队战斗力的重要因素。带兵是部队建设带根本性、经常性、综合性的基础工作,是加强我军革命化、现代化、正规化建设的重要保证。

我军《内务条令》明确规定：中国人民解放军的各级首长，对于所属部队（分队）的行政管理工作负完全的责任。作为人民军队的每一个指挥员，都应当把带兵作为一项基本功，努力钻研带兵理论，掌握带兵艺术，不断提高带兵的水平。

一、带兵工作是一项根本性的工作

带兵不仅有"怎么带"的问题，确实还有"往哪里带"的问题，它既要管人，又要育人，是一项思想性很强的工作。领导作出的每一项规定，要求下级办的每一件事情，预先都要进行思想教育，使人们明确"是什么，为什么，怎么做"，这种潜移默化的教育，是不上讲台的育人工作，给官兵以巨大的影响。我军不仅是革命的大家庭，而且也是革命的大学校、大熔炉。因为官兵的成长进步，部队作风纪律的养成，除军事训练外，主要靠带兵、管理和教育。带兵干部像带路人一样，是士兵的良师、益友、向导和楷模。我们的带兵干部一定要把带兵工作当做一项根本性的工作，坚持我军的性质、宗旨，坚决贯彻党的路线、方针和政策，坚持用马列主义、毛泽东思想、邓小平理论和"三个代表"重要思想教育官兵，把广大指战员真正培养成为有理想、有道德、有纪律、有文化的新人，保证枪杆子真正掌握在可靠的人手里，为把我军建设成为一支强大的现代化、正规化的革命军队而努力。

二、带兵工作是一项经常性的工作

高度的集中统一、严格的集体生活的特点,决定了军队建设与带兵、管理须臾不可分离。所有军人,无论是干部还是战士,是义务兵还是志愿兵,都在组织之中、管理之中、控制之中。战士在干部的带领之下,部属在领导的带领之下,新兵在老兵的带领之下,有组织、有秩序、有节奏地训练、工作、战斗和生活。整个军队就是一个有机的整体,有规律地、不停地运转,这是军队严密组织、严格管理的特征。

带兵、管理具有经常性、连续性、全时性的特点。以部队的训练为例,它是军队平时的中心工作,每个训练日只有8个小时,一年也只有100多个训练日。而带兵、管理,一天24小时无时不有。熄灯就寝之后,战士要站岗执勤,干部要值班、查铺和查哨,带兵、管理工作不能停止。一年365天,天天有带兵、管理工作,越是节假日,越容易松散,越容易发生事故和违纪现象,节假日往往容易受到敌人的突然袭击。因此,越要严密组织,严守制度,严格管理,这样才能做到无论在任何情况下,都能紧张有序地生活,上级一声令下,部队随时都能出

动。

一个家庭父兄之间,一个学校师生之间,一个工厂领导与工人之间,或生活在一起,或学习在一起,或工作在一起,唯独军队的带兵干部,尤其是广大的基层带兵干部与士兵,工作、学习、生活时时刻刻都在一起。我军的带兵干部同士兵素有同吃、同住、同劳动、同操作、同娱乐的"五同"的优良传统。官兵朝夕相处,情同手足,干部时时、处处、事事都要带领战士生活,训练和工作。干部对战士的衣食住行、教育训练、成长进步都负有直接的责任。可以说,带兵、管理具有全时性、全方位、全员额的特点,是军队最经常的一项工作,百分之百的时间,百分之百的空间,百分之百的人员,都有个管理问题。

加强管理、科学带兵,可以出效率、出团结、出战斗力。带兵、管理具有连续性,既不能放松,更不能中断。平时干部要带兵训练,完成各项任务;战时要带兵打仗,消灭敌人。军队管理的经常性、连续性和全时性,这是由于军事斗争特殊规律所决定的。军事活动的一切时间和空间都有带兵、管理工作,军队每时每刻都离不开管理,足见带兵、管理在军队建设中的重要地位和作用。

三、带兵工作是一项综合性基础工作

带兵工作具有很强的组织力、凝聚力和控制力。搞

好军队建设,完成作战、训练等各项任务,都要靠严格的管理和科学的带兵作保证。带兵是军队建设的一项基础工作。当今的军队,其专业技术种类数以千计,装备物资达几百万种,每一个专业,每一项物资,都离不开组织管理。带兵工作,只有充分调动人的积极性,发挥人的主观能动性,才能搞好对装备物资等方面的管理,使人的素质、物的效能和时空的作用得到合理、恰当的发挥,形成强大的整体效能。

带兵是军队一切工作的基础,只有把人管好了,把兵带好了,部队就能团结紧密、军纪严明、军容严整、斗志旺盛、秩序井然,从而为军队建设和各项任务的完成创造了前提条件,打下了坚实的基础。

带兵工作做得好坏,将直接关系到各项工作任务的完成。带兵、管理也是一项最实际、最大量、涉及面很广的工作,它渗透在作战、训练、执勤、施工等各个方面,是完成各项任务的基本保证。它关系到军队的全面建设。军队训练,如果组织严密,管理得当,就能顺利进行,取得良好的效果。否则,管理松散,作风稀拉,迟到早退,事故频发,训练效果就可想而知了。兵带好了就能形成强大的合力,为完成各项任务奠定基础。

把我军建设成为一支强大的现代化、正规化的革命军队,是长期的奋斗目标和战备任务。军队的现代化建

设,是以正规化为必要条件的,而建设正规化的军队,实现"五统四性",大量的工作是管理和带兵。

比如,正规化的内部秩序,要通过管理来建立;正规的教育训练,要由管理来保证;优良的战斗作风,要通过管理来培养;严格的组织纪律,要通过管理来维护;武器装备越是先进,越依赖于科学的管理。离开管理教育和科学的带兵工作,我军的革命化、现代化、正规化建设就难以实现。新时期我军的带兵、管理工作的基点必须建立在正规化的基础上,为实现我军的"三化"服务。

由此可见,从军队的日常管理到"三化"建设,从训练到作战,都离不开带兵这项基础性的工作,搞好带兵,是军队建设的重要基础,"基础不牢,地动山摇",军队建设就失去了保证。一个称职的指挥员,首先应该是一名会带兵、善管理的人才。带兵是一项根本性、经常性的基础工作,向带兵要效益、要安全、要战斗力,已成为时代赋予我们的使命。我们要从战略上、宏观上、全局上来认识带兵的地位和作用,在实践中把它摆到应有的位置上来。

第八章

带好兵有哪些要诀

概 述

国防生毕业后大多都要走到带兵的岗位。前面已经提到,带兵是基层干部的一项基本功。据了解,相当一部分同志一提起"带兵"二字就感到头痛。学会带兵,是摆在国防生面前的一个十分重要的、而又不容回避的问题。

同任何事物一样,带兵也有内在的客观规律,只要掌握规律,掌握要诀,带好兵就不是一件难事。

一、带兵首先爱兵

"尊干爱兵"是我军性质的重要体现,是条令的要

求,是我军的优良传统。"爱兵如母,士兵如虎"。只有爱得真、爱得深,才能带得好。爱兵不但要有"婆婆嘴",更要有妈妈心、兄弟情。爱兵不是一句空话。要尊重士兵的人格,尊重士兵的主人翁地位,尊重士兵的正当利益,尊重士兵的合理建议和要求。要关心士兵政治进步,帮助他们树立正确的世界观、人生观、价值观;关心士兵事业成功,积极为他们成才干事业铺路搭桥;关心士兵生活疾苦,时刻把他们的冷暖挂在心上;关心士兵婚恋、家庭,努力为他们排忧解难。

二、带兵必须知兵

知兵是带兵的前提。不知兵何以带兵?知兵要做到全面、准确、及时。

全面,就是既知其往,又知其今;既知其长,又知其短;既知其人,又知其家;既知其事,又知其因。

准确,就是既听其言,又观其行;既知其表,又知其里;客观正确把握战士的思想脉搏和心理活动规律。

及时,就是随时知道战士在哪里、干什么、想什么、需要什么,动态把握和预测士兵的思想行为的变化。

知兵的途径和方法是多样的,有谈心交心、日常观察、查阅档案、侧面了解、家庭沟通等,不一一列举。知兵本身就是一种带兵方法。试想,你来排里一个月,连某个兵的名字都叫不上来,让人家多伤心呢!

三、坚持依法带兵

古今中外,依法带兵是一大要则。现在,有的带兵人不会带兵,一个重要原因就是不知道依法带兵。我们国家的法律法规和我军的条令条例及各项规章制度,就是我们带兵的法典、准绳和依据,必须认真遵守。坚持依法带兵,要做到以下几点。

首先,带兵人自己要学法知法懂法,不知不懂,或一知半解,不可能做到依法带兵。

其次,要强化依法带兵的意识,在带兵实践中,一丝不苟,照章办事,不搞以言代法,以情代法,更不能搞"花点子"、"土政策"。

第三,要正确、妥善处理非规范性问题。事物不断发展,新情况会不断出现,对上级暂无规定的问题,要按照自己的职权,结合本单位实际,拿出切实可行的解决办法,但决不可违背条令基本精神和上级总的意图,重视知识带兵。

目前,士兵知识层次提高,求知欲望增强,普遍渴望成才。坚持知识带兵,是一个不可忽视的问题。

一方面,带兵人自己要刻苦学习、不断学习,做到学识渊博,用知有才,授知有能,以才博众。另一方面,要

千方百计满足士兵的成才欲望,积极向他们传授知识,为他们的学习成才提供机会,创造条件。引导士兵围绕本职专业刻苦学习钻研,力争在军旅生涯中,人人都能学得一套在部队必需、到地方用得上的本领。

四、带兵以严为本

带兵必须严格,严是爱,松是害,古往今来都有"慈不掌兵"之说。

一是要严之根本,就是努力提高士兵的政治觉悟,确保政治合格。"政治不合格是毒品,军事不合格是废品",这句话道出了其中的要义。

二是严之有据,就是前边说的要依法带兵。

三是严之有理,就是讲清道理,让士兵懂得为什么要这样做,把严化为自觉行动,不能搞"不教而诛"。

四是严之有方,就是根据不同对象,运用多种方法,循序渐进地把"严"字落到实处。

五是严之有度,就是针对士兵不同的身体、心理承受能力,做到宽严相济,不能在条令之外"加码"施压。

五、带兵贵在带心

带兵贵在带心。所谓带心就是注重教育,疏通思想,提高觉悟,使士兵执行命令、遵守纪律,建立在高度自觉的基础上。带心应当做到心、身、情、理并举。

一要以心换心,用自己对士兵真诚的爱心,来赢得他们对你的信赖,激发他们做好工作的使命感、责任感。

二要以身示心,用自己的模范行动,影响带动部属为一个共同崇高的目标去奋斗。

三要以情感心,用自己对部属的深厚感情,来感化部属,许多问题就会迎刃而解。

四要以理昭心,用耐心而又有力的说服教育,打开部属的心灵之窗,激励他们奋发向上。

六、因人制宜带兵

因人制宜带兵。带兵,不要"大呼隆"、"一刀切"、"一勺儿烩",那样是带不好兵的。必须做到"三区别一采取"。

"三区别":

区别不同对象,比如是男兵还是女兵,是新兵还是老兵,是士官还是义务兵,是勤杂兵还是战斗班排的兵,是党员还是团员群众,等等;

区别不同问题,比如是思想问题还是实际问题,是严重的问题还是一般问题,是偶然发生的问题还是经常出现的问题,等等;

区别不同原因,同一对象可能发生不同的问题,同

一问题也可能由不同的原因所引起。

"一采取"就是针对不同对象、不同问题、不同原因，采取不同的带兵方法，对症下"药"，方能"药"到"病"除。

七、依靠骨干带兵

基层骨干，通常是指"三长一官"，即班长、党小组长、团小组长和士官。"三长一官"，人称"兵头将尾"，是基层干部带兵的助手，他们起着重要的桥梁、纽带和榜样作用，必须充分予以重视。

一要精心培养骨干。不能让骨干"自生自灭"，要通过多种途径和方法，下工夫培养他们的政治、军事和管理素质，使之真正具备骨干的能力。

二是充分信任骨干。"用人不疑，疑人不用"。交代工作，处理问题要通过骨干，一般不要"一竿子插到底"，或越俎代庖。

三要积极使用骨干。经常给骨干布置任务，甚至有些重要工作，也可放心大胆地让骨干去做，充分发挥他们的作用，不要"事必躬亲"。

四要大胆管理骨干。骨干也有缺点"毛病"，不能放任自流，只用不管。当然要讲究管法，一般不要当众训斥骨干，让骨干下不来"台"。

五要热情关心骨干。当个好骨干很辛苦，要给予更多的关心和照顾,这样骨干才能自觉发挥好作用。

八、公正廉洁带兵

公生明,廉生威。自己一身"红毛尾",还说人家是"妖怪",人家肯定不吃你那一套。一方面要办事公道正派,不拉老乡关系,不搞亲疏有别,不任人唯亲。另一方面要廉洁自律,不侵占士兵利益,不收受下属的礼品,更不能索要。眼下社会上送礼之风日盛,部队也不是一片净土,基层也时有发生。排长虽权力不大,但会偶然遇到。士兵给排长送礼,大多是些烟酒糖茶土特产之类的东西,虽算不上行贿,但很让人为难:收下吧,恐落个"不廉"之嫌;不收吧,又怕伤人感情,给兵下不了台,怎么办呢?基本方法有三:

一是无形拒礼法。处处注意自身的言行,不给士兵创造送礼的机会,不让士兵受到送礼的暗示;另一方面,要利用各种机会作廉洁奉公的宣传,并教育士兵不做送礼之事。

二是堵住首次法。俗话说:风生于室,堤溃于蚁穴。收礼有了第一回,就可能有第二回、第三回……再说,你收了一次礼,士兵就会认为,"你看,这家伙并不是不吃腥的猫"。没有不透风的墙,慢慢传出去,其他士兵也会如法炮制。故应点滴做起,坚决堵住第一回。

三是迂回拒礼法。礼上门来,不问情由,断然拒绝,有时也是不太妥当的。比如战士探家归队给你带些烟酒,表示一片心意,你坚决不收,会伤害战士的心,你不妨暂且收下来,表示感谢,然后讲明道理,或以钱还物,或买几本价值大致相当的书等送给战士。当然,对一些贵重物品或另有所图者送的礼,是绝对不能收的。

九、注意形象带兵

带兵有两条最直接、最重要的方法:一是讲,即为言传;二是做,即为身教。言传身教,相辅相成,缺一不可。

身教重于言教,身教是无声的命令,具有很强的说服力和感召力。孔子曰:"其身正,不令而行;其身不正,虽令不从"。故带兵应以身作则,身先士卒。要求部属做到的自己首先做到,要求部属不做的自己坚决不做。做到"五个带头":

带头同党中央保持高度一致,保证在政治上永远合格;

带头执行军队的条令条例和规章制度,养成过硬的作风纪律;

带头履行职责,精通本职业务,搞好科技练兵;

带头挑重担,在执行急难险重任务中打头阵;

带头守法奉公,培养良好风气。

解放军重装甲部队登陆

放眼古今,将帅如林,兵书如山,然难穷带兵之道。这里区区数言,只能是大海拾贝。常言道,"水无长形,兵无常势",新时期带兵规律,有赖年轻的国防生干部在实践中去努力探索。

第九章

如何做好连队日常管理工作

概 述

连队是军队遂行作战、训练和其他各项任务的基层单位,是部队战斗力的基础。连长、指导员作为连队的军事、政治主官,对连队全面建设负有领导、组织、指挥和管理之责。新形势下,我军将随时应对安全威胁,完成多种军事任务,深入推进军事斗争准备,对部队各项建设提出了新的更高要求。因此,连长、指导员必须深入研究新情况、新问题,不断提高自身能力素质,探索新方法、新对策,统筹好连队日常性工作,抓好会务工作和安全工作,建设全面过硬连队。

1 日常性工作的开展

在国际局势日益复杂的今天,我军要应对多种安全威胁,首要的是维护国家主权安全和领土完整;我军要承担多样化军事任务,首要的是打赢信息化条件下局部战争,这是由我军的根本职能决定的。只有具备了打赢信息化条件下局部战争这一核心军事能力,完成其他军事任务才能有充分的能力基础。

一、坚持把军事训练作为经常性的中心工作

各级要按照打赢信息化条件下局部战争的要求,着眼应对多种安全威胁、完成多样化军事任务,更加自觉坚定地坚持军事训练的战略地位,切实把军事训练作为部队经常性中心工作来抓,进一步兴起大抓军事训练的热潮,全面提升部队作战能力。

要进一步端正训练指导思想,坚持从实战需要出发,从难从严训练部队。要结合本单位、本部队所担负的任务,科学制定训练内容和标准,统筹安排各项训练

活动。要循序渐进地强化部队基础训练，加强专业基础、实战技能、心理素质训练，强化关键岗位操作人员的战术技术训练，抓好新装备操作使用、作战运用和维护保养训练。要注重在训练中设置复杂电磁环境，增强训练的实战性、针对性和对抗性。要围绕推进军事训练转变，结合部队实际，深化军事训练改革创新，不断完善军事训练的方法手段和考评机制。要在坚持以提高打赢信息化条件下局部战争能力为核心的基础上，重视加强"反恐"、"处突"、抢险救灾、国际维和等非战争军事行动的训练，学习相关法律政策，加强理论研究，进行指挥、协同和保障方法训练，努力提高部队完成多样化军事任务的能力。

要切实把工作重心转到军事训练上来。在连队日常工作中，指导员一定要以对党的事业、对国家安危高度负责的精神，端正抓连队建设的指导思想，切实把军事训练作为经常性中心工作。要把军事训练摆上党支部的重要议事日程，经常分析训练形势，及时研究解决训练中遇到的各种问题；要在工作指导和安排上，切实把军事训练作为一项经常性的中心工作突出出来，妥善处理好与其他工作的关系，在时间、人员、场地、物资和经费上优先保障。连长及指导员尤其是连长，要用主要精力抓训练、议训练，参加训练，不断提高自身的军事素质和组织领导军事训练的能力。机关各部门要树立为军事训练服务的思想,切实转变作风,深入实际,齐心协力抓好军事训练的落实。

要按规定全面落实训练任务。衡量一个单位是否以军事训练为经常性中心工作,一个很重要的指标是看这个单位是否按上级要求,全面落实了年度训练任务。

首先,要做到"四落实"。即把人员训够,时间训足,内容训全,成绩优良,坚决防止出现随意减少训练人数、压缩训练时间、删减训练内容、降低训练标准的现象。

其次,要坚持实战型训练。实战型训练是正规施训的重要标志,是确保训练质量的有效措施。要大力加强训练的模拟化、网络化建设,落实部队训练情况反馈系统,提高训练质量。

第三,要落实训练保障。通过卓有成效的工作,保证部队下拨经费充分利用,并加强训练经费的使用和管理,确保专款专用,防止截留和挪用。

第四,要用健全有效的机制作保证。以军事训练为经常性中心工作,光靠提高认识和确立标准是不够的,还必须通过健全有效的机制,把各级部队的主要精力引导到军事训练上来。

要建立评估机制,连队应对所属班排的军事训练进行等级评定,并实行"一票否决",军事训练不达标的,不

能评为先进单位；

要建立激励机制，把训练任务完成情况及训练成绩同个人的立功受奖、经济利益以及进退去留挂钩，最大限度地发挥官兵参训的积极性；

要建立检查考核机制，按职责分工，落实普考和抽考，定期或不定期地对下级单位训练情况进行督查，发现问题，及时纠正。

二、保持良好的战备状态

根据军委颁发的《全军战备等级规定》，我军战备等级由低到高区分为四级战备、三级战备、二级战备、一级战备。

四级战备，是在国内外发生重大突发事件，有可能对国家安全和稳定带来较大影响时部队所处的战备状态。

三级战备，是在国际形势和边境地区出现重大异常情况，有可能对我国构成直接军事威胁时部队所处的战备状态。

二级战备，是当局势恶化，对我国已构成直接军事威胁时部队所处的战备状态。

一级战备，是当局势极度紧张，针对我国的战争征候已十分明显时部队所处的战备状态。

首先，保持良好的战备状态，就是要求基层指挥官兵在做好日常训练及思想工作外,需时刻保持战备意识,绷紧一根弦,做到战时有备而无患,提高部队作战机动性。同时,保持良好战备状态要求基层指挥官兵做好武器装备维修保养工作,做到装备器械查而有数,时刻保持在最佳的作战状态。

三、提高官兵的政治思想觉悟

思想政治教育是加强部队思想政治建设的中心环节,是提高官兵思想觉悟,铸牢官兵精神支柱的重要途径。坚持不懈地对官兵进行革命道理的教育灌输是我军政治工作的优良传统,也是我军始终保持高昂士气的重要法宝。在加快改革开放、发展社会主义市场经济的新形势下,各种错误思想和腐朽文化对官兵精神支柱的冲击不可低估,思想政治教育的任务更加繁重,标准和要求也更高,必须抬高教育起点,把握特点规律,改进教育方法,提高政治教育的质量和效果,切实在履行"两个提供"的历史使命上有新的作为、新的发展。

(一)坚持用马列主义、毛泽东思想和邓小平理论教育武装官兵

马列主义、毛泽东思想和邓小平理论是全党全军全国人民的行动指南,是军队思想政治建设的基本依据。邓小平理论对军队思想政治建设具有更为直接的指导

作用,是我们武装头脑、抵御侵蚀的强大思想武器。抓好马列主义、毛泽东思想和邓小平理论的教育,是铸牢官兵精神支柱的基础。离开了这个基础,教育就会失去"主心骨",格调就高不起来,甚至偏离正确的方向。在教育过程中,要坚持讲清我党我军发展历史,让官兵了解我党我军指导思想的发展过程、我党我军的发展历程,增强铸牢精神支柱的坚定性;要坚持讲清基本原理,让官兵学观点、学立场、学方法,增强铸牢精神支柱的自觉性;要坚持联系实际,通过讲道理、摆事实、查问题、找差距,增强官兵铸牢精神支柱的紧迫感。

(二)坚持用正确的人生观、价值观教育引导官兵

人生观、价值观是人生哲学的集中表现,人生观、价值观教育旨在解决立身做人这个根本性问题。讲清人生的核心与灵魂是远大理想,引导官兵树立崇高的理想信念,自觉把个人理想追求与社会共同理想结合起来,与部队建设需要结合起来,与本职岗位结合起来,使理想大而不空、实实在在;讲清人生的价值和意义在于奋斗过程,引导官兵破除甘居中游的"混日子"思想、无所作为的"守摊子"思想,扎根军营奉献、立足岗位成才,保持奋发进取的精神状态;讲清克勤克俭是实现人生价值的重要保证,引导官兵反对讲排场、摆阔气,做到拒腐

蚀、永不沾；用正确的人生观、价值观教育引导官兵从自我做起，从现在做起，从点滴做起，培养艰苦朴素的生活作风。

(三)坚持用健康的思想文化熏陶官兵

健康的思想文化是培养人、塑造人和影响人的重要手段。用健康的思想文化占领军营思想文化阵地，引导官兵端正生活态度，远离低级生活趣味，追求高尚生活情趣，自尊自爱、自立自强，始终保持革命军人的本色。要坚持用昂扬的精神激励官兵，大力弘扬"五种革命精神"、"六十四字创业精神"和伟大的抗洪精神，深入开展学雷锋、学徐洪刚、学吴国良、学李向群等英模活动，使官兵学有榜样，赶有方向。通过开展读书演讲、征文比赛、影视评论、读报评报、歌咏比赛等文体活动，努力营造有利于官兵健康成才的良好氛围。

四、按照条令条例加强行政管理

中国人民解放军是一支有光荣传统的军队，在建军初期就确立了著名的"三大纪律"、"八项注意"条令，在抗日战争及解放战争中发挥了巨大作用。在新的历史时期，认真学习领会我军的三大条令：《中国人民解放军内务条令》、《中国人民解放军队列条令》和《中国人民解

放军纪律条令》(简称条令)及条例,并运用条令条例对部队进行行政管理是每一名基层连队领导者需要具备的素质与能力。

俗话说,军令如山。部队中讲究令行禁止,若仅凭关系义气指挥下属部队,会出现"抹不开面子"等问题。所以,作为初入部队的国防生,在治军方面需要用条令条例作为有力武器,不搞哥们义气,真正做到高效率、高水准的完成部队首长赋予的任务,使部队有战斗力。

五、建立和保持良好的内外关系

正规的秩序是指正规的战备、训练、工作、生活秩序。这"四个秩序"是军队正规化建设的重要内容,也是带兵工作的重要标准。良好的秩序是军队进行各项任务的条件。秩序井然,效率就会显著提高;秩序混乱,日常性工作也会漏洞百出。特别是现代战争,要求快速反应,必须做到指挥畅通、调动自如、配合默契。没有正规的秩序保障,军队的正规化建设是难以实现的。

带兵工作最根本的是要建立良好的内外关系和正规的内部秩序,正规秩序的建立是一项艰巨复杂的工作。带兵干部必须树立高度的事业心和责任感,对部队负责,对未来战争负责,对官兵成长负责,常抓不懈,持之以恒,使部队形成良好稳定的行为习惯,使"四个秩序"的建设全面发展,把带兵工作不断提高到新的水平,加速我军革命化、现代化、正规化建设的步伐。

六、搞好基层后勤建设

近年来,基层部队在上级党委的高度重视和正确领导下,经过全体基层官兵的共同努力,后勤建设取得了长足的进步,各项工作呈现了良好的发展态势。但随着形势的发展和部队所承担任务的日益繁重,基层部队后勤建设也出现了诸多不适应的问题。如何适应新形势、迎接新挑战,实现后勤建设的全面发展,便成为每一名后勤工作者必须认真思考并积极予以解决的问题。

(一)转变观念,积极谋划基层部队后勤建设

基层部队的各级党委要克服重中心工作、轻后勤建设的思想,坚持两手抓两手都要硬的思想,从全面落实"五句话总要求"的高度,切实把基层部队后勤建设当做部队建设的大事来抓,真正摆上党委(支部)的重要议事日程。要深刻领会基层部队后勤建设的重要意义,把思想统一到党委的决策上来,做到定期分析基层后勤建设形势,注重解决后勤建设中的突出矛盾,发挥好宏观指导、统筹谋划作用,特别是对后勤建设总规划、大项经费开支、大宗物资采购、大型建设项目,必须坚持党委集体

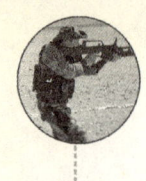

决策,克服零敲碎打,提高集中精力和财力办大事、办实事的能力。

(二)开源节流,提高基层部队保障水平

充分发扬艰苦奋斗和勤俭节约的光荣传统,开源节流,提高基层部队保障水平,积极构建节约型军营。从节约用水、用电等小事做起,树立过紧日子的思想,坚持精打细算,做到少花钱、多办事,坚决杜绝那种盲目攀比,花钱大手大脚,超前消费,把紧日子过成富日子的不良风气。

(三)以人为本,全面提高基层部队后勤人员的素质

人是部队发展的最重要因素。下大力气提高后勤官兵素质,既是科学发展观的客观要求,又是后勤工作实践科学发展观的关键。

一是牢固树立抓学习就是干事业,强素质就是促发展的观念。把抓学习与实际工作需要、与弥补素质缺陷结合起来,融入后勤建设各个岗位,贯穿到单位发展的各阶段,使官兵在实践活动中,把学习成果转化为战斗力,转化为部队建设发展服务、为官兵服务的推动力。

二是突出抓好学习和培训。切实把后勤官兵的学习培训作为核心工作来抓,形成完善学习培训、考核、应用的长效机制,建立一支既懂业务又善管理的高效、优质、精干的后勤队伍。

三是要注重后勤人才的储备和培养。要善于保留基层优秀的后勤管理人员,关心他们的成长进步,帮助他们解决实际问题,创造一个拴心留人的良好环境。同时,可进一步加大后勤专业技术人员培养力度,鼓励后勤骨干钻研业务走专业技术级,从而使各项工作都能持续、稳定地发展。

七、加强以党支部为核心的组织建设

党的基层组织担负着联系群众、宣传群众、组织群众、团结群众的重要职责。支部过硬,基层才能过硬;打牢组织基础,全面建设才能上得去。贯彻落实《军队基层建设纲要》(简称《纲要》),必须下大力抓好以党支部为核心的基层组织建设,坚强"一个班子"。

在连队工作中,要做到加强以党支部为核心的组织建设,应从以下几点出发:

(一)实施坚强有力的思想政治领导

凡是思想政治领导坚强有力的单位,官兵思想觉悟就高,基层风气就正;反之就人心涣散,滋长不良风气。要引导和帮助基层党支部从政治上思考和认识问题,坚

信思想政治工作的威力,加强对官兵的思想教育,不断净化官兵的灵魂,打牢拒腐防变的思想基础。

(二)突出三个能力建设

突出三个能力建设:增强解决自身问题的能力、领导单位全面建设的能力、带领官兵遂行作战任务的能力。基层党支部只有具备这"三个能力",才能成为坚强的战斗堡垒,赢得广大官兵的信赖。加强基层党支部建设,要把着力点放在提高"三个能力"上。

(三)抓好正副书记队伍建设

正副书记是党支部战斗堡垒的"柱石"。堡垒要坚强,"柱石"须铸牢。支部书记要学习好邓小平理论和"三个代表"重要思想,提高政治理论水平,做坚持原则、严守纪律、维护大局、增强团结的模范。

(四)抓好"两支队伍"

抓好"两支队伍"——军官队伍、党员队伍。基层军官是基层建设的骨干和脊梁。抓好基层军官队伍,关系到基层建设的长远发展。军官制度的改革和军官队伍建设的加强,促进了基层军官队伍的稳定,提高了军官的整体素质。但当前基层军官队伍中还存在不少矛盾和问题。要按照《纲要》要求,把建设一支高素质的基层军官队伍作为战略任务来抓。针对基层军官的特点,帮助他们树立正确的世界观、人生观、价值观,使他们认清自己肩负的使命,尽职尽责做好各项工作。抓好基层军官的培训,积极为军官学习文化、提高素质创造良好条件,鼓励和支持基层军官立足本职岗位学习成才。设身处地为基层军官着想,积极为基层军官解决各种实际困难,使他们能够集中精力抓好基层建设。

2 会务工作

会务工作作为基层连队常规性工作之一,有着十分重要的统战指挥作用。是把握战士思想动态,总结工作得失,安排部署下一阶段工作的重要环节,如何做好基层连队的会务工作也是每一名连长、连队指导员应当注意的环节。

一、怎样主持开好排务会

排务会是在排长主持下,由班长、副班长参加的贯

彻上级指示精神,总结和研究布置安排工作的行政例会,按规定每月召开1~2次。通过排务会新排长既可以在部属面前展示自己的组织协调能力和语言表达能力,同时还是对全排人员的素质、状况和思想反映有一个基本认识的好机会。开好排务会要从3个方面入手:

(一)认真搞好调查研究

任何正确的结论基础都必须源于深入的调查研究之上。排长要在排务会上"一鸣惊人",讲得到位,把话讲到全排同志的心坎上,不搞好调查研究是不行的。首先,要对全排人员的花名册及思想状况进行仔细地查看和初步的调查,做到心中有数。要摸清全排有多少老兵和新兵,有多少党团员和群众,哪些战士表现比较好,哪些战士存在一些问题,都要进行认真的分析。分析问题要客观,虽然要听取其他骨干的介绍,但是要进行认真客观的分析,切忌先入为主的思维定势。不能也不要跟着别人的思维定势走,只有把情况搞清楚,才能够摸准问题,才能够提出科学的解决方法,也才能够让部属服气。同时,对会议提议进行认真的考虑和选择,并且提前通知到各个骨干。

(二)认真设计排务会议题

排长要对会议提要进行认真的考虑和选择。

首先,要考虑会议的重点是什么,任何事情都应该有一个中心,排务会也是如此。虽然新排长初到排里工作,需要讲的问题比较多,需要表达的意思也很丰富,但是切记不要把第一次排务会开成"大杂烩"。

其次,排务会经过认真细致的调查研究后,抓住一两个排里急需要解决的问题,在深思熟虑的基础上,提出自己的解决办法。使战士们觉得,排长是一个求真务实的人,是一个能够抓住问题实质的人,也是一个能够解决问题的好干部。千万不要把排务会当成自己夸夸其谈的舞台,要把它作为凝聚全排精神、鼓舞全排干劲的好机会。

第三,可以动员大家围绕着会议的主题展开讨论,充分发表个人的看法,然后排长归纳总结。召开之前,一定要认真考虑几种方法以避免会议冷场。

(三)用通俗而朴实的语言

有个小故事对排长开会如何使用词句会有启迪。

> 有一个秀才去买木柴,他对卖木材的人说道:"荷薪者过来!"卖柴的人听不懂"荷薪者"

三个字,但是听懂了"过来"两个字,于是把木柴担到秀才面前。秀才问他"其价几何?"卖柴的人听不太懂这句话,但是听得懂"价"这个字,于是就告诉秀才价钱。秀才接着又说道:"外实而内虚,烟多而焰小,请损之(你的木柴外表是干的,里面却是湿的,燃烧起来,会浓烟大而火焰小,请减些价钱吧。)。"卖柴的人因为听不懂秀才的话,于是挑着木柴走了。

这个故事告诉我们:有时过分的修饰反而达不到要表达的目的。排长开排务会,最好用简单的语言,易懂的词句来传达信息,而且要准确掌握要说话的对象的语言习惯、表达方式。

许世友将军讲话就极具军人特色。1941年3月15日,许世友率部队攻打阳山。将军为部队做动员,寥寥数语,闻者印象极深。许世友脚蹬草鞋,腰配手枪,跳上八仙桌,挥动拳头说:"动摇军心,杀头。消极避敌,杀头。见死不救,杀头。临阵逃脱,杀头。"整个部队秩序井然,打起仗来冲锋向前无人后退。

许世友谈到战术,"什么叫战术?打进去就是战术。不要讲起来头头是道,打起来一道不道。"

许世友总结张春桥("四人帮"之一):"戴眼镜,提皮包,会总结,能提高。论思想,一团糟,打起仗,往后跑。"

我们要像许世友将军学习,学习他使用军人的语言向军人讲话。因为我们是要和战士讲话,而不是去做演讲表演。对我们的军人来说,简单、明了、干脆、利索的话语是最受战士欢迎的,也最容易和战士沟通思想。军人要有军人的语言特色,有话则长,无话则短,切忌喋喋不休。

二、首次参加连队支委会需要注意哪些问题

首次参加连队支委会要提前学习掌握党支部工作方面的知识。作为正式党员的新排长,来到部队后,通常会被增选为党支部委员。在第一次参加支委会之前,要认真学习党内有关要求和规定,掌握工作常识,熟悉党内规矩。

(一)事先对支委会的议题有所了解并认真准备

凡事"预则立,不预则废"。在召开支委会之前,要提前了解支委会议题,围绕议题进行调查研究,捋清自己的思路,思考如何围绕支委会的议题展开自己的工作以及工作的计划、方法、措施、步骤等。把议题了解清

楚、思考到位，充分做好发言准备，做到心中有数，发言有据、行动有方，就不会发生头一次开支委会或者张口结舌、手忙脚乱、言而无序；或者是讲不到"点子"上，眉毛胡子一把抓，什么都想讲，什么都没讲清楚的情况。如果一个新排长在第一次支委会上就能够根据连队党支部的议题，提出自己卓有见地的建议和意见，连首长和同级干部定会对你高看一眼。但作为一名新支委不宜率先发言，应该先听听其他支委意见，尤其是党支部书记、副书记的意见，然后再发言比较妥当。

（二）坚决服从支委会形成的决议

每一个共产党员都要懂得：个人服从组织，少数服从多数，下级服从上级，全党服从中央，这是我们党民主集中制的基本原则之一。在支委会上，如果有不同意见，或者你的意见被否定，可以公开声明保留，会后也可以向上级党组织直至中央反映、申诉。但一经按照少数服从多数的原则形成的决议，就必须坚决执行，并结合本排的实际开展创造性地落实，以保证支委会决议的实现。切忌在行动上有任何反对的表示，或者在背后犯自由主义，说三道四，这是绝对要不得的。这是体现一个人党性原则强不强的大问题，新排长一定要认真严肃的对待。

(三)积极参与支委会集体领导

积极参与支委会集体领导,认真履行支委会的分工职责。作为一名新支委,首先应当把自己置于集体领导之中,本着对党负责,对工作负责的态度积极参与意见,大胆陈述自己的想法,不能把自己当成连队建设的局外人,更不能有自卑感和依赖思想,认为自己是"小支委",新来的,说话不算数;不能只看着书记、副书记的脸色办事;不要随大流,讨论时不发言,这是与支委的身份不相符的。做一名支委是党员对你的信任,就必须履行支委职责。需要发言时要条理清楚,层次分明;重点突出,有根有据;表达流利,态度诚恳,敢讲真话。同时,要注意把本排的情况反映到支委会上来,为集体领导做出正确决策提供客观依据。作为一排之长,与战士生活工作在一起,对下面的愿望、意见和要求了解的最直接,所以,只有把下面的情况正确地反映上去,才能促使支委会做出更符合实际,更有建设性和比较正确的决定。

3　安全工作

在连队工作中,最让基层军官揪心的事,莫过于安全稳定问题。特别是重大伤亡事故和政治事故,哪个连(排)出一起事故,都会大伤元气,使全连(排)干部战士思想上、情绪上、信心上受到沉重打击,造成重大创伤。预防和杜绝事故发生是连队管理教育、思想政治工作中的一个重要课题,这个问题解决不好会直接牵动全局,影响连队的全面建设,同时也将直接影响干部个人的成长和发展。国防生干部要想在岗位上大展宏图,有所成就,就必须树立安全稳定第一的观念,扎扎实实抓安全,时时处处搞预防,把安全稳定工作抓紧抓好。

"教育和监督全排严守秘密,落实安全措施,预防各种事故和案件的发生。"我军《内务条令》在排长职责条款中明确规定了做好安全工作,预防事故和案件的发生是排长的重要职责之一,也是排长必须要完成的重要的管理教育工作任务。

预防事故案件和做好保密工作,对基层带兵人来说,是一项非常重要的工作。在部队管理教育工作中,我们经常听到这样对防事故、防案件(以下简称"两防")的认识:"两防"工作不是中心但影响中心,不是全局但牵动全局。事故和案件一旦发生,必然会造成人员伤亡或装备财产损失,是对部队战斗力的直接损害,是对官兵工作积极性和自信心的挫伤,影响士气,对各项正常的工作秩序带来冲击。正所谓"一朝被蛇咬,十年怕井绳",会大大伤害基层的"元气"。

安全工作"责任重于泰山",我们每一名排长都必须树立高度的政治责任感,为部队战斗力负责,为部属的生命和国家财产安全负责。在管理教育工作的实践中要做到以下几点:

一、认真分析研究"两防"工作出现的新情况、新问题

随着我国改革开放的不断深化,市场经济的不断发展,人们的思想观念、价值取向和行为方式也发生着深刻的变化,加之西方腐朽文化的侵蚀,社会上"灯红酒绿"的影响,有些基层带兵人管理教育工作抓得不实,思想麻痹,工作失职,违反规章制度等原因引发的弹药爆炸、失火、车祸、中毒以及飞行、导弹等事故时有发生。有些基层带兵人,热衷于弄虚作假,搞形式主义,助长了

歪风邪气,为"两防"工作埋下了隐患。社会上的"六毒"①影响造成部队违法违纪案件也时有发生。有些基层带兵人对西方敌对势力加剧对我西化、分化活动认识不足,对渗透、收买、挑拨、策反等手段不能及时采取措施,造成一些人里通外国、投敌叛变、参加反革命组织、盗窃和出卖军事秘密。有些基层带兵人心理安全隐患知识不够,导致士兵因心理承受力、猜疑心、妒忌心、报复心等不良心态引发的事故、案件。还有一些是对信息安全管理、环境安全动态管理出现的新情况、新问题认识不足,带来的事故和案件。

因此,要做好"两防"工作,排长必须不断发现新情况、探索新问题,提高认识,与时俱进,更新观念,始终站在时代发展的前沿来做好"两防"。

二、抓好安全教育工作

抓好安全教育工作,健全安全组织,严格执行安全规章和操作规程。通过教育使广大官兵充分认识事故的危害,懂得做好安全防事故人人有责;通过健全组织,发动各方面力量,形成安全工作网络;通过落实制度,区

---

① 指社会上存在的邪教、嫖娼、黄带(书)、赌博、吸(贩)毒、走私等现象。

分责任,把安全工作落到每个层次、每个人;通过严格操作规程,培养全体人员按章办事的良好习惯,杜绝有章不循、违章蛮干的现象发生。

三、掌握事故、案件发展的一般规律

辩证唯物主义告诉我们:世界上任何事物现象的发生、发展与消亡都是有其规律性的,事故和案件的发生同样如此。虽然它的表现形式千差万别,形成的因素和条件多种多样,并且从现象看带有偶然性,但也有规律可循。正如恩格斯所指出,在表面上偶然性起作用的地方,这种偶然性始终是受内部隐蔽的规律支配的,关键在于发现这些规律。因此,排长应努力把握事故和案件发生的规律性,把握预防事故案件的主动权。

例如,行政责任事故发生的基本规律主要有思想因素、管理因素、技术因素、心理因素、知识因素、生理因素等。行政责任事故发生的时机主要在有补兵退伍时、季节交替时、任务转换时、节假日休息时、实弹实爆训练时、执行急难险重任务时、领导精力不集中,工作不能密切配合时、一项工作的开始和即将结束的时候等。排长只有把握事故案件发生的基本规律,才能掌握预防工作的主动权。

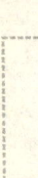

四、正确处理事故、案件,认真吸取教训

事故案件发生后,作为排长要亲临现场,查找事故、案件发生的原因,并及时将情况报告上级。查找事故、案件原因,要实事求是;既分析客观原因,又查找主观原因,要防止推卸责任或隐情不报。要严肃认真处理事故案件,做到"三不放过",即:事故案件原因不清不放过,肇事者和有关人员未受教育不放过,不订出防范措施不放过。

对事故案件的处理,既要防止大事化小,小事化了,又要防止"惩办主义";既要对肇事者进行严肃处理,也要对失职的领导追究责任。当事故案件涉及地方、人民群众、友邻部队时,要处理好各方面的关系,既要坚持实事求是,又要注意严于律己,主动做好工作。对待事故要有正确态度,是能否从事故中认真吸取教训的关键。有的查事故原因马马虎虎,找教训敷衍了事;有的患得患失,推卸责任;有的灰心丧气,一蹶不振,工作缩手缩脚,甚至放松管理。这些态度,都不利于防止事故的再次发生,反而可能导致发生更加严重的事故。因此,一定要以积极的态度对待事故,正确接受教训,振奋精神,努力工作,变压力为动力,切实落实好各项安全措施。

所以,如何才能从思想上重视连队安全工作,做好基层部队的安全教育,是每一名连队指挥人员需要思考的问题,在这里需要把握以下几个核心。

五、安全无小事

"不是中心胜似中心",这是"老基层"们的经验之谈。安全无小事。一旦出事故,可谓"惊天动地",上系机关、领导,下系连队战士,内系左邻右舍兄弟单位,外系社会、家庭、亲戚朋友,牵扯人力、物力、财力、精力。作为干部自己来讲,也将产生巨大的心理压力和精神煎熬,觉得自己没有尽到责任。一方面是出于高度的觉悟和责任感,给伤亡的战士及亲属带来不幸和痛苦,使连队建设受到损害而感到内疚和自愧。另一方面,事故一出,机关要调查,领导要追究,再加上某些机关和领导干部,对待连队事故缺乏客观的分析,不能采取科学的、实事求是的态度,不论哪个连队,一旦出事故,就一无是处,大会批,小会讲,又是通报,又是处分,整得干部抬不起头来,连队战士也都感到灰溜溜的。诚然,领导批、机关查,这是他们的责任,虽然不应以"事故定乾坤",但事故造成的损失往往是不可估计的。除客观因素外,多与单位领导干部的责任感、事业心密切相关。也正因为如此,每逢发生重大事故,上级都要追查单位干部的责任,并酌情给予处理,严重者,甚至受到党纪政纪的处分。

有些干部,可能因此而葬送前途。国防生在校期间就应强化"安全稳定第一"的意识,牢记"安全无小事"的经验教训,走上工作岗位后,要把安全工作放在心中,抓紧抓好,切勿因麻痹大意而导致终生遗憾。

六、透视"安全"隐患

"安全",即没有危险,不受威胁,不出事故之意。干部一提到安全工作就感到为难,认为事故在所难免。从心理学的角度讲,这是一种信心危机,是对新形势下安全工作特点和规律研究不够深,对新情况、新问题把握不准所致。诚然,近几年,基层部队由于受市场经济的负面效应及社会上"灯红酒绿"的影响,安全工作难度增大,面临许多新的挑战和考验。"外面的世界很精彩",是"老基层"们在谈论"安全稳定"时,常挂在嘴边上的话题。"天不怕,地不怕,就怕半夜打电话",是部分基层干部求安全心理的真实写照。其实,安全犹如"健康",防事故犹如"防疾病",只要摸清"病症",找准"病因",预防救治就会胸有成竹。

(一)透视"病因"

其实,危及安全的"事故病",其"病根"在"人"不在"物",在"内"不在"外",在主观不在客观,事故多是人为造成的。"为"乃"行为","行为"之奥秘是"知"。"知"是行为的先导,科学的认知,将产生科学的行为,科学的行为是无缘于事故的。由此可见,"事故病"其病根往往源于"认知"之误。事故之源,无视安全之举,必遭事故之祸;不尽安全之责,必受事故之惩,欲治"事故病",必先根治认知的误病。"认知病"有以下特征:

一是"自卑症",认为事故防不胜防,安全无保障。听天由命、消极预防;

二是"盲目症",思想麻痹,对"安全"听而不闻,对"事故苗头"视而不见;

三是"乐观症",有的单位一段时间没有发生事故案件,便沾沾自喜,盲目乐观。有无忧无虑之心,无居安思危之意;

四是"冷热症",有人认为集中整顿声势大,见效快,把整顿当做"灵丹妙药",一有"风吹草动"就整顿一番,甚至把整顿的次数当做预防工作成绩大小的主要标准,而没有在经常性预防工作中化苦力气、下细工夫,造成安全预防工作缺乏连续性,时紧时松,冷热不均;

五是"急躁症",强行"堵"、"截",以罚代教,以"堵"代教,结果是被动应付,"按下葫芦浮起瓢";

六是"忧心症",有些干部整日惶惶不安,忧心忡忡,其原因是心中无数、能力不强、作风不实。

(二)谨防"病症"——五有现象

其一,思想教育有所忽视。有的单位没有把思想教育当做安全预防的根本措施,就管理抓管理,人生观教育、法纪教育没有引起足够的重视,尤其是经常性思想工作跟不上,不出问题不做,不到"关口"不做,不来电报不做,甚至找上门也不做。

其二,预防过程有"空档"。有的基层干部抓安全工作,满足于开会、一般性号召,没有逐级逐人跟踪督查抓落实,造成预防环节不畅、信息反馈不灵、管理时空不连贯的"梗死"现象。有的不注意节假日的活动安排,战士没事干,无事生非。

其三,人员有失控。一些单位对人员外出卡得不严,平时闲逛、乱串、外出的人较多。对"小散远"的单位、勤杂人员和身边人员管得不严,关心和教育较少,这些战士一日生活基本上是凭"自觉"。对不在视线内的住院、出差、借调等人员的情况底数不明,使有的战士长期被失控。

其四,制度有些松弛。有章不循,有制度不落实,有的干部不按规定留营住宿,经常唱"空城计";有的战士看干部都走了,干脆来个"月亮走我也走",私自外出。有的值班人员擅离职守,有事找不到人。有的哨兵脱哨、坐哨,干部查铺查哨也往往流于形式。

其五,武器弹药和贵重物品管理有漏洞。对武器弹药和贵重物品的管理不按规定办理,连每天、营每月对武器库、兵器室检查清点制度不够落实,各项安全措施形同虚设。

"五有现象"是事故的隐患,安全之大敌,国防生干部毕业上岗后,切忌"五有现象"。

(三)把握"预防"良策

"预则立,不预则废"。无论行政事故还是政治案件,都是有一定规律的。国防生干部要善于研究和掌握规律,采取积极的措施,防患于未然,尽可能把事故消灭在萌芽状态。

拿案件来说,一般是"酿成有因素,转化有条件,事前有征候,发生有过程。"如《做新时期合格的指导员》一书中有这样一例,某连有个战士,在校是高才生,很受班主任的赏识,愿将才貌出众的女儿——他的同班同学许配于他,两青年也情投意合,订下婚约。入伍后前半年,他们通信甚密,战士心情一直很舒畅。半年后,指导员发现他们的书信渐少。一天,这个战士接到她的来信后,情绪突然异变,平时

爱说爱笑,而今寡言无欢。指导员找他谈心,虽然战士什么真情也没透露,但从他的隐痛情态中已经了解到他完全陷入了幸福破灭的绝望之中。当晚,指导员和他的班长一直留意着他的活动。熄灯后,果然见他打着手电在被窝里写着什么,而后,把纸条(绝命书)塞到包袱底下,提着背包绳悄悄走出宿舍。由于班长和指导员及时发现,终于防止了这起由于未婚妻绝情而引起的自杀事故。后来经指导员热心开导,真诚帮助,这个战士重新树立起生活的勇气和信心。

这件事告诉我们,只要掌握战士的思想脉搏,及时发现蛛丝马迹,抓紧做好深入细致的思想工作,事故和案件是可以预防的。

日常防事故,还要做到以下几点:

一要着眼于"热点"。针对薄弱环节,善于着眼于"热点",分清重点,不要"眉毛胡子一把抓"。否则,就会隔靴搔痒,挠不到痒处。

二要善于搞"小题大做"。"千里之堤,溃于蚁穴","小洞不堵,大洞受苦"。事故初露端倪,就要采取断然措施。如果等到各种事故的因由都已形成,才感问题的严重,才去采取措施,那就是"马后炮"。安全预防的立足点,必须放在早发现、早预防、防微杜渐上。

三要采取"四全预防"。即全时空、全员额、全过程、全方位预防。

全时空,就是在时间上不留空隙。特别是节假日的业余阵地,要用健康向上的文体活动去占领,使官兵的业余生活丰富充实。夜间要严格落实查铺查哨、值班巡逻等制度。切实克服预防工作上半年紧,下半年松;正课紧,课余松;白天紧,晚上松;平时紧,节假日松的现象,堵住时间上的漏洞。

全员额,在人员上不留死角。国防生干部上岗后,要克服离兵现象,坚持与士兵吃在一起,玩在一起,干在一起,对士兵要切实做到"四个知道"。

全过程,就是要在环节上不发生"短路"。预防工作是一项系统工作,需要在整个预防过程中形成环环相扣的密封链条,使预防工作在各个环节始终衔接顺畅,反馈灵敏、不短路、不梗死、不断带。国防生干部要在自己的岗位上,认真履行职责,下好属于自己的"那盘棋",走好每一步,要管好自己的人,看好自己的门,确保在自己的"防区"内不发生问题。

全方位,在预防力量上统一协调,形成合力。发挥"两个积极性",在官兵中叫响"稳定好比千斤担,人人都来作贡献"的口号,给战士骨干交任务,压担子;还要发

动群众做工作,使事故苗头一出现就有人抓;异常情况一有苗头就有人报;违章违纪行为一发生就有人管。同时,还要注意加强安全教育,严格规章制度,在治本上下工夫,坚持向科学管理要安全。要配合连队齐抓共管形成合力,形成上下动员、全面防范的良好的安全工作氛围。

第十章

怎样管理好士官

概 述

　　士官制度改革犹如一场春雨,滋润了一批批士官茁壮成长,他们逐渐成为各个岗位的中坚力量和技术骨干,为部队的建设发挥着不可替代的作用。在士官中程度不同地出现了一些积极性不高、责任心不强、素质不过硬的现象,有效的方法就是进一步健全士官管理机制,用科学合理的士官机制来选才、育才、管才、用才、量才、励才。

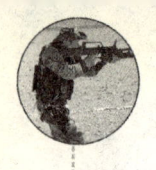

1 发挥骨干作用和依照条例管理相结合

> 随着兵役制度的改革,每个连队都有士官。士官年龄一般比较大,军龄较长,有些士官比排长年龄要大,在基层工作时间长,有一技之长,有一定管理能力、认识能力和独立完成任务的能力,能积极协助领导带领其他士兵完成任务,是连队思想和技术的骨干。如何发挥这一部分同志的积极性,使他们成为排里建设的骨干力量?我们认为,从发挥骨干作用和依照条例管理相结合入手是行之有效的。

对士官的管理一定要充分发挥他们的骨干带头作用。目前,在各个连队里,士官都是基层建设的骨干力量。

对士官的管理一定要克服畏难情绪。新排长对士官管理一定要遵循总部颁发的士官管理条例执行,不能因为士官军龄长、年龄大,人为放松管理或有畏难情绪,放宽管理要求,使士官成为连队的"特殊兵"。有的同志转士官以后,就产生了"当兵到顶"、"等待转业"的消极思想,在工作中随大流、不努力、不求上进。同时,也有士官的家属存在实际困难,背上了思想包袱,这些士官根本原因是缺乏献身精神,缺乏献身祖国的责任感,对个人家庭面临的困难考虑过多。

　　因此,对待他们应把思想教育和排忧解难结合起来,在思想教育中要考虑士官的思想基础和情绪变化,着眼启发和引导,打牢他们的思想根基。通过教育使他们懂得,士官比义务兵要求更加严格,明确士官和军官、义务兵的区别、责任;鼓励他们在部队建设中当骨干,充分发挥作用。同时,要为他们排忧解难,对家庭经济困难的,要适当给予救济;对家中劳力不足的,在不影响工作的情况下,尽量安排他们在农忙时休假;对家属临时来队的,尽量在生活上提供方便;对于未婚士官,则应帮助处理好恋爱婚姻等问题。在严格依照条例管理士官的同时,注意做好思想政治工作,把严格管理和排忧解难结合起来。

2　大胆使用和培养相结合

　　在未来的高科技战争中,士官在作战训练中的作用更加突出,他们不但是战斗员,也是指挥员。他们

> 在作战训练中的骨干作用是十分明显的。士官是部队军事训练中,受训军人个体和军人集体传授军事知识和技能的人员,由于我军部队训练实行按级任教和专长任教相结合的方法,所以基层士官都是训练的骨干,也是训练的基础。

士官在军事训练中起到重要的作用,对军事训练质量的高低有决定性的影响。他们在作战训练中的地位和作用具体表现为以下几方面。

一、士官是军事知识和技能的传授者

军队为了把长期积累的军事科学技术和作战技能,以及先进的思想观点和行为规范传给下一代的战士,并发展这些知识和技能,就必须靠士官这个传播者来培养和造就新一代的战士。因此,在基层传授军事知识和作战技能的任务主要靠士官来完成。可以说,士官是军事知识和作战技能传递、发展的链条和纽带,起着连接官兵之间军事知识和作战技能"接力棒"的作用。

二、士官是军事训练方针和原则的具体落实者

军事训练方针和原则凝结着战争的规律,是我军几十年战争经验的总结,体现了现代战争的客观要求。军

事训练方针和原则不是空洞的口号,它必须深深地渗入并融会在训练、条令、条例、教材之中,而训练、条令、条例、教材,只有通过基层士官在基层的具体落实,才能转化为受训者的知识和能力。

三、士官是军事教练活动的组织者

士官在教练过程中,起着积极的骨干作用。士兵的训练离不开受训者的积极性、主动性,而士兵的积极性、主动性在很大程度上要依靠士官来调节、营造。所以说,士官是受训士兵主观能动性的启迪者和教练活动的直接组织者。

大部分士官思想基础较好,是部队建设的骨干力量,又有熟练的业务技术,在战士中有一定的威信。因此,应注意发挥他们的特长,充分调动他们的积极性,有意识的给他们压担子、交任务,让他们在政治工作中起"小指导员"的作用,在基层建设中起"小参谋"的作用,真正使他们感到有用武之地。鼓励士官在军队以专业为主,牢固树立认真落实科学发展观的科学理念,以科学发展观为指导,坚持以人为本,实现全面发展、协调发展、可持续发展的原则,认真学习努力钻研,成为本专业的行家里手、人才骨干。对士官的培养提高要从实际出发,既考虑到部队当前的实际工作,又考虑到将来参加

地方建设的长远之计。一方面提倡他们要岗位练兵,成为行家人才;另一方面,着眼提高他们的全面素质,鼓励他们自学成才。

3 严格要求和尊重爱护相结合

士官和义务兵生活在一起,一举一动对义务兵影响较大。因此,必须从部队现代化、正规化建设需要出发,对士官严格管理、严格要求。坚持执行中央军委关于对士官的管理办法,执行条例、条令和规章制度。凡是要求义务兵做的,士官必须做到,而且要起表率作用。特别是在值班、军容风纪、公差勤务、请销假等日常生活方面,都要同义务兵一样严格要求,不能降低标准。对士官的缺点本着尊重自尊心,保护积极性的原则,给予批评帮助。

从一些部队士官违反纪律的案例中可以看出,在社会主义市场经济新形势下,必须加强士官的纪律观念,提高自我约束能力。由于士官军龄较长,对驻地情况了解,与营区外的群众接触较多,所以更要本着对他们负责的态度,教育他们严格章法观念、纪律观念,使他们认识到自觉地用规章制度和纪律约束自己,是军人健康成长、经受"灯红酒绿"考验的重要保证。

腐朽思想文化的影响是多方面的,如果纪律观念淡薄,面对外界的种种诱惑,意志不坚定的人容易走上犯罪的道路。军队制定了许多规章制度,比如各种条令、条例,把军人的行动和交往限制在一定的范围之内,规定军人不准经商、不准进营业性歌舞厅、不准传看黄色书刊和黄色音像制品、不准进地方发廊等。这些规定,是规范军人行为的准则,士官必须严格自觉遵守。只有这样严格要求,不断增强遵纪守法的自我约束能力,才能经受住"灯红酒绿"的考验,永远保持革命军人的光荣本色。

新排长对士官的管理工作,要特别注意对那些思想进步、工作积极、成绩显著的,及时表扬和奖励。确有特别贡献的可以报请上级为其提前晋级。对个别工作消极、纪律松懈、屡教不改的,要给予纪律处分,直至报请上级批准撤销其士官资格。对那些表现不好,又不够取消士官资格的,要提出严厉批评,实行在一年或半年中降一级工资的惩罚,并限期改正。如限期内没有改正,可适当延长时间。这样可以鼓励先进,触动中游,鞭策后进,充分发挥士官在部队建设中的"两个骨干"作用。

自古以来,凡是有建树的将帅都提倡"严慈相济好掌兵",对士官的管理失之过宽,等于害兵。

第十一章

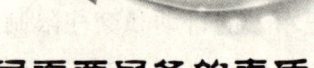

军队管理人员需要具备的素质

概 述

随着我国兵役制度的改革，一大批烙印着鲜明时代特征的大学生走入军营，这是部队建设遇到的一个新情况，是我军传统的教育管理面临着新的挑战。如何针对他们的特点搞好教育管理，使他们在军营中能充分发挥优势，克服自身不足，在军营中磨炼成长为一名真正的军人，成为许多人关注的焦点问题。

1 有坚定正确地政治思想

> 只有具备坚定的信仰,才能百折不挠地为所信仰的事业奋斗。20多岁的马克思和恩格斯之所以能在资本主义的漫漫长夜高举火炬,发出:"全世界无产者联合起来"的号召,就是因为他们坚信共产主义事业必胜。

中国工农红军在前有堵截,后有追兵,头上有飞机大炮轰炸的条件下,艰难跋涉二万五千里,完成了历史上任何军队都不曾有过的万里长征,就是因为他们有信念的力量。

担任中国工农红军总司令的朱德元帅,出生于佃农家庭,在家庭条件极其贫寒的情况下,一面读书,一面劳动,考入云南陆军讲武堂,参加辛亥革命和护法战争。尽管当时他经过艰难的努力,已经从一个贫穷的农家子弟成为拥有高官厚禄的人,但他为了寻求革命真

理,毅然抛弃所有的一切,赴德国作了一名穷留学生。他坚守自己的信仰,参加领导南昌起义失败后,坚持武装斗争,起义军南下广东,其主力在潮汕地区被反动军队击败,他率领余部重整旗鼓,坚持斗争,转战至湖南南部,同陈毅领导了湘南起义,建立了苏维埃政权。后率部上井冈山,同毛泽东领导的部队会师,建立了中国工农革命军(后改称红军)第四军,创建了中国第一个农村革命根据地。朱德元帅投身革命矢志不移,是共产党人追求真理、拥有坚定信仰的光辉典范。

正如国防大学战略教研部副主任金一南将军2006年与北京大学国防生座谈时讲到的那样,军人和地方的同志相比,并不是穿上军装就是军人,关键是要有一腔热血,一腔矢志不渝献身国防的热血。如果没有这种热血,你就会对所处的环境产生种种不满,如果没有这种热血,你就会有重大缺失,一旦有情况需要做出关键选择时,你可能就会退缩。所以,要想成为一名合格的军官,必须是有坚定共产主义信念的人,没有信仰或随便改变信仰的人是担当不了重任的。

2 有正确的思维方法

> 刚从大学这个象牙塔走出来的国防生,或多或少的在思维方法上与部队的要求有所偏差,如何才能很好的过渡这一转变过程,实现从一名准军官到合格的共和国基层军官的转变,同样需要在思维方式上下工夫。

现如今社会发展迅速,思维方式多元化,思维方式的种类也愈加繁多,所以很难概括地说什么样的思维方式是对的,什么样的是优秀的。但对于盼望早日脱颖而出的国防生而言,相信以下几点是会有帮助的。

一、要学会站在整体的高度上看问题

一个德国管理学家曾经讲过一个故事。说一个人看见3个泥瓦匠在干活,就问他们在干什么,他得到了3个回答。第一个说,我在砌砖头;第二个挺起身,非常自豪地说,我是全国最好泥瓦匠;第三个说,我在盖大教堂。他

们3个人的回答正好代表了企业中3种人的心态。

第一种人就是赚工资养家糊口的那种,我们身边充斥着这样的人,也就不必多说了。

第二种人则是非常麻烦的一种,他们往往在自己的专业领域里面非常优秀,但要命的是他们陶醉于自己的领域,拒绝考虑所有自己不熟悉的领域,从而既狂妄自大,又非常虚弱,非常难合作。

第三种人,他能够准确知道自己工作的最终意义,从而将自己的劳动有机地结合到其他人的劳动中去,实现一个辉煌的目标,这样的人是最可珍重的人才。

刚入部队的国防生就是要学做第三个泥瓦匠,从连队、营排的高度上去看问题。要知道,看问题的高度将决定着我们的层次。如果一个技术人员只关心自己开发的产品的各项技术指标,那么他也只能做点技术开发实务工作;而他一旦能开始考虑这个产品能给公司带来多少利润、能否与公司其他产品形成一个良好体系、对公司的长远发展能有什么贡献、公司设备与工人生产技能配套问题如何解决等问题时,他就站到了一个公司管理人员的高度了。在我们这个因为细致的工作分工而相互割裂的世界,迫切需要能从整体角度工作的人,从个人的角度,他们是最优秀的下属,从部门的角度,他们是工作的黏合剂。坚持用这样的眼光看问题,对于新人快速走上领导的位置肯定会有很大的帮助的。

二、要学会用领导的思维方式看问题

对待同一件事情优秀的思维方式可能是唯一的,但正确的思维方式却不一定是共同的。在部队中执行任务很大程度上来讲会受领导思维方式的影响,如果我们所做的事情不符合领导的口味,他们往往会要求我们去调整,那时我们得付出更多的劳动,花费更多的时间。所以,我们要注意去观察、学习领导的思维方式,减少与他的摩擦。

三、要学会利用身边资源去做工作

要学会利用身边资源去做工作,这是现代企业最流行的管理观念。作为一个多人组成的共同体,现代企业的成功取决于如何去调动更多的人一起去努力。罗宾逊式的孤胆英雄在现代社会的钢铁丛林中已经失去了生存的空间。一个人再狠,他顶多也只是"一匹独狼",而如果他能学会去做一个狼王,他的价值就相当于一个狼群。所以要学会看到其他人对工作的贡献与重要性,

学会调动别人的工作积极性与创造性。

就拿赚钱来打个最俗的比方,一个人的能力是有限的,即使把每天的时间全部都用上,也就 24 小时,纵使他每天创造的价值是别人的 10 倍,他也就相当于 30 个人创造的价值。而他如果能领导 60 个人一起去为他赚钱,每个人将收入的一半交给他,他就能取得同样的收入,领导 120 人时的收入就会为 2 倍⋯⋯这样的赚钱方式是没有极限的。这实际上体现的是领导的内涵:指挥别人去完成工作。

做一个打工仔和做一个老板的不同就在于,是你一个人在做事还是大家在为你做事。学会了团结大家一起工作,离你领导大家一起工作的日子也就不远了。在部队中我们同样需要发掘身边的资源,做一名合格的领导者,提高办事效率。

3 有必备的决策胆识

战略决策者是组织精神、组织特征的策划者和体现者,其自身素质的高低、作用的好坏直接影响组织的前途和命运。因此,战略决策者必须具备知识、见识和胆识。其中,胆识对战略决策者来说尤为重要。作为一名合格的共和国基层指挥军官,具备这些素质是成为新时代合格军人的必由之路。

胆识是一种发自内心、自我驱动的力量,作为一种重要的心理资源,胆识是每个决策者都拥有的重要的精神特质。有胆识的人从不会怀疑自己的出路,出路面前无论是高山、河流还是沼泽,他都会去攀登、去穿越,而不会停滞不前,他唯一要考虑的问题就是如何前进、如何接近目标,如何走得更远。

聪明出众谓之英,胆识过人称之雄。聪明的人很多,但如果只有聪明而没有胆识,顶多只能成为"英才",很难取得大的成就。一个人有胆识,其外在表现就是强势、果断、冒险。有胆识才能冒险,能冒险才有可能成就不凡的事业。要成为卓越的领导者,有胆有识、敢作敢为是一种必不可少的个性。

胆识相对知识、见识来说,胆识是精华里的精华。知识是科学的系统性的学问,见识是"读万卷书、行万里路、交四方友"的结晶,胆识是智慧的展现,最主要是来自于个人的丰富知识、见识以及对知识、见识的提炼升华。它体现于作决策、办事情的胆量,有胆识才有冒险

精神,有冒险精神才有可能成就不平凡的事业。知识、见识、胆识三者相辅相成,知识是见识的基础,见识是胆识的定心丸,胆识是知识和见识转化成财富的必要条件。

　　智者与庸人之间,成功与失败之间,强者与弱者之间,往往就是那一点一滴之差。这一点一滴,就是胆识。胆识是人生出路的"开路神"。作为个人心理资源,胆识只是一个小小的方面,个人心理资源极为丰富,每种心理资源,都和胆识一样具有一种神奇的力量,驱动个人不断地开创新的出路!

　　决策者要胆识具备,用人要德才兼备,只有这样才能立于不败。当然,强调胆识不是瞎大胆。要做调查研究要敢于实验。这一点我们要向邓小平学习,先有特区,再把经验推向全国。我们决策也一样,要敢于尝试,不断总结经验教训。决策最忌讳凭空想象,要不想的很好,要不想的很坏。现实永远不会像你想的那么好,也不会像你想的那么坏。只有行动起来,在工作中调整,在工作中摸索,才能走出一条决策之路。

4 有出色的组织能力

> 大量实践表明,即使是在各有关方面包括下属全体成员都有积极性的条件下,如果组织者的组织协调工作没能及时跟上,则整个工作必然会呈现出紊乱、低效的局面。相反,组织者的组织协调工作开展得准确、到位,就可以起到"黏合"、凝聚作用,就可以在同心协力、井然有序的节奏中把工作搞得有声有色。而不具备组织协调能力的组织者,要想做出成效是很困难的。

所谓组织协调能力,主要包括在进行管理工作中的计划布置、组织分工、人际沟通协调等活动的能力。基层连队领导在处理日常性、例行性的大量事务时,不仅需要具有这种能力,而且要充分发挥这种能力。至于在执行重大的、紧急的、非日常性的工作任务时,就更不可缺乏这种能力。

一、"组织者"的气质和角色

一个人是否具有出众的组织能力,主要看其是否具有"组织者"的气质和风范,以及其是否在工作开展过程

中担任过真正的"组织者"角色。这和职务高低没有太大的关系。有些人天生就是"组织者",即使职务不高,但是一旦领导将某项组织工作交给他(她),就能立即在职务范围内对他人产生影响。

所谓组织者气质,主要体现在以下几个方面:具有坚强的意志力,具有明确的目标,记忆能力出众并且善于总结经验,性格开朗并喜欢沟通,兴趣广泛、思想开放、对人宽容。接收单位在对候选人的考核中,可以从以上几个方面综合把握候选人是否具有组织者的气质,这也直接反映了候选人的组织能力和发展潜力。

二、避免冲突和解决问题

事物的发展都是伴随着矛盾问题进行的,工作的开展也是一样。一个合格的部队基层管理人员,不仅不惧怕问题,而且要有解决问题的能力,更重要的是,要有避免冲突的能力。也就是说,对工作中出现的矛盾和问题,要有准确的判断。

在工作中,矛盾产生的原因有多种:彼此之间的误解,不同人的个性差异,利益的不同追求,工作方法的不同等。当这些问题出现后,正确的处理方法是最为重要的。一般来说,处理的方法主要有:压制、强权式解决,妥协、均衡利益。方式无对错,只有结果的差异。

三、有信任，才有领导

只有信任下属，才能获得下属的追随，才能产生领导力。许多工作需要下属去做，这就需要领导者信任下属，对下属适当授权。授权不是放弃自己的职责，而是准许别人去更好地完成工作。是否懂得授权，也是对候选人的考核点之一。

一个领导力出众的管理者，既对下属高度信任，又能够发自内心地给予下属尊重；既能主动关心和帮助下属的职业发展，又能在工作中对下属的使用人尽其才，发挥其所长。接收单位在考察候选人的领导力过程中，可以从其与下属的关系、下属的发展现状、下属对其的评价等几个方面进行判断。

5 有出色的身心素质

> 身为一名未来的共和国军官，国防生需要具备出色的身心素质才能很好地完成祖国赋予的使命，信心、毅力、体能可谓缺一不可。

要想成为一名优秀的基层指挥军官,身怀将军梦的国防生应该从思想上对自身身心素质的训练重视起来,真正做到有担当,能担当。

一、要有必胜的信心

信心必须建立在可靠的基础上,这是一种建立在逐渐积累起来的经验和能力上的信心。

著名的马伦哥之战,拿破仑率领着一支刚从国内乡村、城市招募的新兵军队,这些新兵十之八、九没有开过枪,更不用说参加过任何一场战役。拿破仑决心率领这支刚刚成立的队伍翻越著名的阿尔卑斯山的圣伯纳德大山口。这个大山口地势险要,在这永久积雪和怪石嶙峋的山顶上过去,只有羊倌以及走私分子才偶尔涉足。而且,拿破仑决定要带全部军火,包括40门野炮和其他辎重,翻越圣伯纳德大山口时,很多人都认为这是一个"发了疯"的决定,丝毫没有成功的可能。因为这里的冰川一声枪响足以引起巨大的雪崩,无法跨越的无底深渊里布满冰雪,陡峭的山脊就是牧羊人也举步维艰。但拿破仑决心不变,因为只有这样才能给敌人以意想不到的打击,他亲率大军来到圣伯纳德山口,和炮兵一样扛着武器,即使在最危险的地方也镇静自若。他的榜样力量极大地鼓舞了艰苦行进的士兵,他们克服了难以想象的困难,跨越天险。当他们从天而降般出现在平原上时,奥地利人完全没有想到,所以一些最重要的地段竟然无人防守。在法军的猛烈攻击下,奥地利人作鸟兽散。

信息化战争更加残酷激烈,要求基层干部具有坚韧的顽强性。信息化战争也是先进武器的较量与对抗,战争的破坏和残酷程度将是空前的,这就需要基层干部具有革命英雄主义精神和顽强的斗争意志。现代局部战争,往往在地理环境差、气候条件恶劣的边境地区进行,许多特殊的不利因素给部队行动带来难以想象的困难,这就需要基层干部树立一不怕苦二不怕死的革命精神,面对武器装备的反差和恶劣的现实,敢于战斗,善于战斗,克服胆怯心理和惊慌失措情绪。

二、要有百折不挠的毅力

百折不挠的毅力首先表现在对待困难有积极的态度。积极的态度是一切成功的基础,我们对人生的态度

决定着我们对遭遇的反应,决定着我们的个性和人生的方向。

有一天,卡耐基去拜访一位住在佛罗里达州的快乐农夫,这位农夫甚至把一个"毒柠檬"做成了香甜的柠檬汁。这位农夫刚到农场时觉得非常沮丧,他拥有的那块地差极了,既不能种水果,也不能养猪,能生长的只有白杨树和响尾蛇。然而他想到一个好主意,把他所遇到的问题变作一种资产——他要利用那些响尾蛇。他的做法使每一个人吃惊,他要做响尾蛇肉罐头。几年后,卡耐基又去看他的时候,发现每年来参观他的农场的游客差不多有两万人,他的生意已经做得非常大。卡耐基看到由他养的响尾蛇取出来的毒汁,被送到各大药厂去做防蛇毒的血清。响尾蛇的蛇皮以很高的价钱卖出去做女人的鞋子和皮包,还看见装着响尾蛇肉的罐头送到全世界各地的顾客手中。现在这个村子已经改名叫佛罗里达州响尾蛇村,就是为了纪念这位先生。人们非常钦佩他能够把困难转化成的财富的信心和能力。

英国伟大的首相之一的本杰明·迪斯雷

利,原本是一名作家,但并不是很成功,他出版的书籍超过一打以上,却没有一本能给大众留下深刻印象。他接受失败,把挫折视为一种挑战,在其他领域再接再厉。后来他步入政坛,下决心要成为英国的首相。1868年,他实现既定的目标,成为英国首相后,虽然遭到可怕的阻力而辞职,但他一点儿也不认为暂时打击就是失败。他东山再起,再度当选为首相,缔造了大英帝国,影响非常深远。

国防生步入军营后,在工作、生活、交往、家庭等许多方面都会遇到问题,常常会不尽如人意。这些不尽如人意的事构成了生活画面中不协调的经纬线,组合成生活中不和谐的音符。我相信,一个人只要有坚定的信念和百折不挠的精神,这些不和谐的音符就不会成为你前进的障碍。只要你做得对,你就要坚持自己的信念,坚持的结果就是成功。

三、要有充沛的精力

能够担当重任的人,不但一马当先做到他要求和号召别人所做的一切事情,而且还应比别人做得更多。他必须能在更艰苦的条件下工作更长时间,面对更大的危

险,肩负更重的责任,这就要求有充沛的精力。如果没有充沛的精力,再宏伟的规划也无法实现。西汉名将霍去病能征善战,智勇兼备,可惜终年忙碌,积劳成疾,体力透支,年仅 24 岁就死于军中。充沛的精力来自自身内部,国防生干部必须要有强健的体魄、惊人的毅力。特别是惊人的毅力,有赖于我们平时进行严格的训练和自觉得养成。

Ⅱ. 思想教育和政治工作篇

第十二章

政治工作的内容及特点

概 述

增强思想政治建设的科学性,是胡锦涛主席着眼国际国内形势变化和军队使命任务拓展提出的明确要求,也为新形势下加强和改进思想政治教育指明了目标和方向。我们要按照科学性要求不断提高部队思想政治教育质量,为有效履行我军历史使命提供精神动力和思想保证。

1 政治工作三原则

人民军队政治工作的基本原则有3个,这是即将踏入军营的国防生必须要了解的,因为其体现了我们军队的作风和性质。

一、官兵一致的原则

官兵一致的原则,就是在军队中肃清封建主义,肃清资产阶级修正主义,废除打骂制度,建立自觉纪律,实行同甘共苦的生活。因此,全军是团结一致的。

二、军民一致的原则

军民一致的原则,就是由秋毫无犯的民众纪律,宣传、组织和武装民众,减轻民众的经济负担,打击危害军民的汉奸卖国贼。因此,军民团结一致,到处得到人民的欢迎。

三、瓦解敌军和宽待俘虏的原则

瓦解敌军和宽待俘虏的原则,就是我们的胜利不但是依靠我军的作战,而且依靠敌军的瓦解。

2 思想政治工作具体内容

为了走好进入军营的第一步,即将步入军队的国防生,有必要,也必须要了解我军政治工作的主要内容。

一、《关于新时期军队政治工作的决定》

1987年1月27日,中央军委作出《关于新时期军队政治工作的决定》,提出了新时期军队政治工作的主要内容。这些内容是:

(一)加强以理想、纪律为重点的思想教育;
(二)健全和发展部队的民主生活;
(三)培育部队的优良作风;
(四)注重科学文化教育,培养军地两用人才;
(五)加强军事训练、科学研究和后勤保障中的政治工作;
(六)大力开展军民共建社会主义精神文明;
(七)做好基层政治工作;
(八)加强干部队伍建设。

二、《关于新形势下加强和改进军队政治工作的若干问题的决议》

1989年12月,全军政治工作会议根据军队政治工

作面临的新形势,通过了《关于新形势下加强和改进军队政治工作的若干问题的决议》,对新时期军队政治工作的内容作了新的补充,主要是:

(一)清醒认识军队建设面临的新形势,把保证政治上永远合格作为一项根本任务;

(二)坚持政治工作的生命线地位,充分发挥人民解放军的政治优势;

(三)坚持党对军队的绝对领导,大力加强各级党组织建设;

(四)突出抓好坚持四项基本原则,反对资产阶级自由化的教育,始终保持部队坚定正确的政治方向;

(五)坚持按"四有"目标培养革命军人,提高干部战士的思想道德素质;

(六)严格按照德才兼备的原则选拔培养干部,保证枪杆子掌握在政治上可靠的人手里;

(七)高度重视反腐蚀斗争,巩固部队的社会主义思想文化阵地;

(八)坚持官兵一致、军民一致的原则,保持和发展良好的内外关系;

(九)贯彻唯物辩证法思想,增强思想政治工作的中国国防建设和军队建设指导思想的战略性转变。

第十三章

怎样胜任连队排长的工作

概 述

　　国防生排长从院校毕业到基层工作,都有一个从生活到心理不断适应的过程,突出表现为"四感":内心向往自由与部队严格管理带来的生活不适感,面对全新工作环境人际关系不熟产生的陌生感,个人能力素质一时难以适应岗位需求带来的工作压力感,个人专业所长与实际工作难以对接带来的价值失落感。对此,除了营连干部的传帮带外,还需要排长从以下4个方面提高个人的能力。

1 政治判断能力

作为即将步入军营的国防生,增强政治判断能力是一项重要的要素,应该怎样增强政治判断能力?

一、应有坚实的理论基础

马克思主义基本原理、毛泽东思想、邓小平理论和"三个代表"重要思想是我们对政治经济形势、政治事件、政治思想、政治生活进行正确分析判断的最基本的理论工具。对这些理论基础越深厚、越扎实,我们就站得越高,看得越远,对事物就看得越深刻,政治鉴别能力相应越高。

二、应有敏锐的洞察力

应有敏锐的洞察力,做到"风起于青萍之末"时,就能见微知著,洞察本质,判明利害。

三、应有严谨的分析力

应有严谨的分析力。前苏联领导人戈尔巴乔夫提出"改革与新思维"这个名词后,一时间,与"新思维"有关的提法都成为时尚，不知道"新思维"就是孤陋寡闻，跟不上时代潮流。而前苏联推行"新思维"的结果是导致国家的解体。这一自掘坟墓的案例告诉我们，即将毕业的国防生要善于运用马克思主义的立场、观点和方法，对一些"新潮"观点、"时髦"言论进行认真分析和鉴别，划清是与非、对与错的界限，决不被错误的、有害的东西所迷惑。

四、应有科学的判断力

应有科学的判断力，提高政治鉴别力的出发点和落脚点，是正确判断形势，营造良好氛围，更好地建设小康社会。我们应从大局出发观察和处理问题，作出科学的判断，而不能意气用事。

五、应有正确的观念基础

人的行为总是在一定的观念指导下进行的。爱国主义、集体主义、社会主义观念是提高我们政治鉴别能力的核心观念，只有不断加强和巩固这些观念基础，我们的政治鉴别能力才能获得心理上的依托。

2 谋划决策能力

一、补充自己的经历

经历是人生道路上的一笔独特的财富,成功的经历可以为我们提供经验。显然,如果要想作出准确的决策,就应该拥有一段丰富的人生阅历。有道是,"身在兵位,胸为帅谋。"在我国历史上,能够站在全局高度,为领导出谋划策的成功者的范例不少:

三国时的诸葛亮,虽然结庐隆中,但对天下形势了然于胸,分析深刻透彻,在著名的《隆中对》中,他向刘备提出了占据湖南、湖北、四川,谋取西南各族统治者的支持,联吴抗曹,进而统一全国的宏图大略。兵微将寡的刘备能够发展到与曹操、孙权抗衡,形成三国鼎立的局面,得益于诸葛亮出的这一大主意、高谋略。

明代开国皇帝朱元璋有个谋臣叫朱升,他依据当时的客观形势,向称雄一方的义军首领朱元璋提出了"高筑墙、广积粮、缓称王"的策略。当时,朱元璋刚攻下南京,立足未稳,力量还弱,地盘尚小,还不足以与其他各路起义兵马较量。朱元璋正是按照这"九个字"的战略方针,稳扎稳打,最终夺取了天下。

毛泽东同志曾指出,"只有全局在胸,才能下出一盘好棋。"全局意识的增强,来源于对全局情况的了解和掌握。对全局知之越广越深,能参善谋才能质量越高。国防生排长一定要立足本职,放眼全局,做胸怀全局的有心人。

二、要有准确的判断能力

判断能力强弱及正确与否,是决定谋划决策能力高低的标准,它还往往直接关系到事业的成败。准确的判断能力需要有警觉、想象和预见。

当年日本侵略中国,中国能否速亡?抗战能否速胜?中国人民和中国军队应该如何对待这场侵略战争?毛泽东以他卓越的判断能力,在抗日战争初期发表的《论持久战》中,对中国的抗日战争的前景、方式、最后结局都作出了准确的判断。这是一名优秀的军事家对战争的准确预测能力的表现。

美国第28任总统威尔逊曾说:"认为只有在时机到

来时,才能做出正确选择的人,在领导同代人的事业中是不会取得成就的。"在历史上,由于时机判断正确而取胜和由于时机判断错误而招致失败的事例是不胜枚举的。准确的判断能力也是一名基层指挥员应有的基本素质。

3 领导管理能力

毋庸置疑,在部队工作,领导管理能力是非常重要的。我们应该从以下 5 个方面来提高自己的领导管理能力。

一、提高自己的语言表达能力

我国古代臣幕进谏故事中蕴含了丰富的把握分寸、巧言直谏艺术,为今天的国防生排长提供了借鉴。

> 唐初政令规定,男子未满 18 岁不得征召入伍。贞观元年(公元 627 年),太宗采纳封德彝的建议,同意让不满 18 岁、身材高大的男子入伍。魏征将拟好的诏书扣住不发,太宗几次催促都未奏效。太宗大怒,训斥魏征抗旨不遵。魏征答道:"臣听说,放干池塘的水来捕

鱼,不是捕不到鱼,而是明年就没有鱼了;焚烧树林来打猎,不是抓不到野兽,而是明年就没有野兽可打了。如果将未满年岁的男子征召入伍,那么租赋杂役将靠何人供给?况且近年来的卫戍士卒不能承担攻城作战的任务,哪里是因为人数少?都是因为待遇不公,使他们失去了斗志。就是再多征兵士去充当杂役,也终究没有什么用。如果精心选拔健壮的成年男子,对他们以礼相待,人人都会勇敢百倍,何必一定要那么多兵士呢?陛下常常说自己身为国君,以诚信待人。但是,自从陛下即位以来,有两三件大事,都是说了不算数,这样怎么能取得别人的信赖呢?这个诏令一下,陛下哪里还有什么诚信可言!"接着,魏征历数太宗登基以来的失信之事。最终,太宗听从了魏征的建议,打消了原先的主意。

魏征"有经国之才,性又抗直"、"思竭其用,知无不言",即使幸遇以虚怀纳谏著称的唐太宗,但如不注重把握分寸,一味直谏,恐怕就不会有君臣默契配合17年的千古美谈了。领导与排长不同于封建君臣,二者是上下级加同事的关系,双方应该是平等的、双向的。但毕竟双方职能上是主辅关系,工作中是主从关系。排长要时

刻注意维护领导的权威,不到万不得已,尽量不采用"直谏"的方式。即使在"直谏"时,也要像魏征那样冷静、机智,根据领导的性格特点和心理状态,把握好进言的时机和语气。否则,就有可能遭到领导的拒绝,甚至造成僵局。当然,把握分寸并不意味着当面不说,事后诸葛。这样做不但贻误工作,也会失去领导的信任。

二、蚂蚁过河的启示①

非洲尼罗河流域生活着一种身长近一厘米的黑蚁,当地人称作食人蚁。生物学家做过调查,尼罗河两岸的黑蚁群不超过十个,但每个蚁群都有数千万只。蚁群游走时排成近一米宽的队伍,浩浩荡荡,不见首尾。黑蚁十分凶猛,发现猎物就会从四面八方涌上来,数十分钟后蚁群散去,只留下累累白骨。有时,老虎、狮子等凶猛动物甚至人,遭遇蚁群同样难逃厄运。黑蚁虽可以靠"蚁多势众"横行旷野,却有个致命的弱点:不会挖洞穴居。因此,时有燃起的草原大火便成了它们的灭顶天敌。当野火即将烧来时,不会游泳的黑蚁就会铺天盖地地爬向河边,背向里腿朝外地一个抱一

---

① 引自周铁钧.蚂蚁过河的启示[J].秘书工作,2009(10).

个、一层叠一层，抱成篮球大小的蚁团。被火光映红的河面上，上万条蚁腿变成了桨，划着不计其数的蚁团向对岸滚动，外层的黑蚁会被湍急的水流淹死，蚁团也越来越小，等到了对岸，往往只剩下垒球大小。但上岸后它们迅速散开，排列队伍，寻找聚集地，重新开始生息繁衍。过不了多久，蚁群就又壮大起来。

此外，黑蚁虽群体庞大，纪律却相当严明：进食时，前面的黑蚁咬一口食物后，就快速离开，把位置让给后面的黑蚁；大队进发时，排头和断后的总是最强壮的黑蚁，老弱病残的黑蚁被抬着前进；当"先头部队"遇到危险或障碍时，它们会迅速相互传递信息，几分钟就排尾变排头逃离险境。

想一想那一只只黑蚁为了群体的生存前仆后继、慷慨赴死的悲壮场面小到一个团队，大到一个国家，一旦拥有了这样可贵的牺牲精神和严明纪律，还有什么艰难险阻是不可战胜的呢？

三、努力提高自己的能力素质

学历有终点，学习无止境。无论是谁，要想提高自己的能力素质，要想发展，一靠干劲，二靠能力。这两条

都离不开学习,离不开练习,要用心学多动脑,肯于练多钻研,勤思考多总结。肯学、肯练、肯干,就会使自己不断提高,成为能力强手、管理高手。

四、根据情况确定基本方针

在深入了解情况的基础上,全面分析一下本单位的工作形势后,确定好自己工作的基本方针和重点方面。

例如,对基础较好、工作比较先进的单位,要采取大力宣传先进典型,增强集体荣誉感,发扬成绩,固强补弱的方法,挖掘部队潜力,引导单位建设向高层次发展。

对基础条件较差、各方面相对落后的单位,要全面分析情况,找出最佳办法,消除部队弱项,拿出长远规划,一项一项抓好落实,逐步改变单位面貌。大的方针确定了,就会在行动中把准方向,稳步前进。这些都是管好一个连队的基础。

五、锻炼自己军人的气质和作风

要想使士兵服从管理,重要的是拥有让他们折服的军人气质和作风,这就需要国防生自己去培养适应部队、适应基层特点的气质和作风。基层的特点相对来讲是十分明显的：

基层艰苦、条件差，需要作风泼辣、能吃苦、独立性强；基层任务变化大，需要随机应变；基层是各种任务的集合地、压力带，千丝万线都要穿进连队这根"针"；各级领导、各个机关都抓基层，要求高、批评多，需要心宽、大度，脸皮"厚"；基层干部是带兵冲锋打头阵的，需要果断、勇猛、干练；基层事务多，人员复杂，需要勤奋、细致；基层干部和兵面对面，而兵的文化层次不一，讲感情、讲义气，需要以身作则、带头去做，就要爽气、大气和霸气等。

4　调查研究能力

一、力戒浮躁的心态

浮躁的心态，是一个人浮浅、急于求成的表现。做调查研究，最重要的就是有一颗平静的心。那么，我们应该怎样戒除自己浮躁的心态呢？

（1）拥有较好的耐心，要沉住气，稳住神，适应和改善环境。

(2)明白做任何一件事情都不是轻而易举的。要俯下身子,扎扎实实,一步一个脚印地做起。

二、锲而不舍,持之以恒

调查研究,不是一个简单的课题,它需要克服常人难以忍受的孤独、寂寞、枯燥……所以,我们需要有锲而不舍,持之以恒的信念来支撑我们克服一个又一个的困境和挫折。

军事经济学院军需系教师、女博士李晓莉给我们树立了一个榜样。初上青藏高原的官兵,都有强烈的高原反应,一般需要7～10天才能适应,为此影响了部队的战斗力。如何解决这个难题呢?有没有一种耐缺氧补充剂像吃饭一样简单有效的办法?军事经济学院军需系教师、女博士李晓莉瞄准了耐缺氧食品项目这个全新的课题,也是一项具有重大军事意义和很高应用价值的事业。她历经4年试验配方研制的药食两用食品,攻克了这一难题,使初上高原的新战士使用3天就能上场打篮球,一个个像小老虎似的。

然而,梅花香自苦寒来,从1997年开始,李晓莉带着这个课题,先在华中农业大学攻读博士学位,随后又迈进第三军医大学博士后流动站,钻研病理学、动物学、生物学、分析化学等20多门知识技术,掌握了各种相关知识。1998年初,连续3个多月,她在实验室每天灌喂老鼠、解剖老鼠,测量记录各种生化指标,经常夜以继日、通宵达旦,每天以快餐面和面包充饥。在那狭小的实验室里,她强忍着老鼠刺鼻的粪便臊味和经常被老鼠咬伤的疼痛,克服了常人难以忍受的孤独、寂寞、枯燥。为了取得准确的第一手资料,她在低压舱一待就是几天。样品出来后,她和课题组的同志一起,先后两次随新兵入藏试验,分别在海拔3600米和5300米的高原地区进行大规模人员现场试用,每天给新兵分发食品,督促新兵每顿饭前使用,每天3次,然后跟踪测量血压、测心律、记录各种数据,心血和汗水终于获得了回报。

2001年,总后军需部组织的"981耐缺氧食品"专家鉴定会结题了,与会12名专家一致认为,该食品达到国内领先水平和国际先进水平。2002年,这种食品被评为全军科技进步二等奖、国家科技进步二等奖。

三、经得起挫折困难的挑战

可以断定,在做调查研究的过程中,一定会遇到或大或小的挫折,这时,我们应该以怎样的态度面对挫折呢?

(一)正视现实,在挫折中奋起

正视现实,在挫折中奋起,要认识遇到挫折的必然性。人生的道路不可能一帆风顺,但无论何人在工作和生活中随时都可能遇到挫折。人们常说:人生得意十之一二,不如意则十之八九。要一分为二地去看待挫折,既要看到消极的一面,也要看到积极的一面。失败是成功之母,失败是最好的教科书,失败能使人反思,失败能锻炼意志。毛泽东同志早就说过,错误和挫折教育我们,使我们更加聪明起来。当然,挫折并不是什么好事,然而一旦发生,就应该面对现实,跨越挫折。

(二)有战胜挫折的健康心态

有战胜挫折的健康心态。在这方面,邓小平同志就是我们学习的好榜样。在错综复杂的革命斗争中,邓小平同志3次被错误打倒,但他都以革命家的顽强意志和坚韧勇气,3次重新站起来,开拓创新为中国人民做出了巨大的贡献。

遇到挫折不要气馁,态度要冷静,意志要坚强,不要被挫折击倒,要坚信挫折是暂时的,前途是光明的。

> 大事小事看担当,顺境逆境看襟度
> 临喜临怒看涵养,群行群止看识见

著名话剧导演梅阡先生在一次会上,说出了上面这样一首影响自己一生的诗。70多年来,不论遇到什么情况,好也罢,坏也罢,他总要想想这首诗然后再决定如何来应对。这样一来,就可以始终保持着一种比较从容和超脱的健康心态。

(三)要有从哪里跌倒在哪里站起来的勇气

俗话说,"吃一堑,长一智",只要能勇敢地去迎接挫折,正视挫折,在挫折中获得真知,挫折就会成为你走向成熟,走向成功的阶梯。大凡受过挫折的人,更容易创造奇迹。

> 刘邦受困,起兵打出了西汉王朝。
> 司马迁受腐刑著《史记》。
> 蒲松龄落榜著《聊斋》。
> 张海迪身残志不残,成为当代保尔。
> 李志军双目失明,被评为全国十大杰出青年。

古今中外许多名人的奋斗历程都说明这个道理。

(四)要克服自卑心理

很多国防生初到部队时容易在两种情绪间浮动。

一种情绪是心高气傲。以为自己重点大学毕业,受过正规院校训练,有学识有才干,在部队一定能够大有作为。

可来到部队后,摔过两个跟头受过几次挫折后,就容易形成另外一种自卑的心态。认为自己不适合在部队工作,可能选错了职业,或来错了地方。自卑心理使很多人都有一种不健康心态,它会影响人积极向上的精神和创造力。

第十四章

怎样把握军人个人及群体心理

概 述

现代社会健康是一个综合的概念,人的健康涵盖多方面的内容,心理健康是要素之一。军人作为一个特殊群体,具有其独特的心理特征,军人心理健康关系到部队战斗力的发挥,是军事心理学研究的主要内容。积极探索研究当代军人的心理特征,对提升军队整体战斗力和提高军人自身素质具有重要的现实意义。

1 战士个人及群体心理特点

目前,在青年战士身上反映出来的问题是相当复杂的,有人生观的问题,有个人素质问题,有道德修养问题,也有心理问题。处在青春期的战士有哪些心理特点呢?

一、渴求理解,相对闭锁

青年战士愿意交朋友,找朋友,为什么?渴求理解想在一起说心里话。战士的真心、真情、真语在条件适当时,在遇到知心、知音、知己的时候会倾诉出来,这是青年心理上开放性的表现。但是又有闭锁性的特点,就是文饰、内隐、能够"装像",明明爱慕一个人,表面上却冷淡;明明是厌烦你,态度上又较热情,轻易不暴露思想。所以,当战士找老乡说心里话时,我们不要轻易说人家老乡观念强,这是一种心理需要,当战士不愿意向干部说心里话,不说真情话时,不要给人家扣上不相信组织的大帽子。

二、富于理想,好高骛远

青年战士和老年人不一样,老年人好回忆过去,青年好展望未来。"将来我要干什么?"这是战士经常想的一个问题。在他们心目中,世界上的一切都是神奇美妙的。正像鲁迅所形容的,"他们常常想到星星以上的境界,想到地面以下的情形,想到花卉的用处,想到昆虫的语言,他想飞上天空,想潜入蚁穴",这种想象只能是幻想、空想。当战士们把这种幻想,同现实结合起来的时候,就成为理想,他们盼望"四化",希望改革,渴望成才。但也存在着好高骛远、奋斗不踏实,大事做不来,小事又不做,什么都想干,什么都不能脚踏实地地干,到头来,一事无成,仰天长叹,怨自己命不好。

三、争强好胜,时而自卑

青年战士十分关心别人对自己的评价,因为青春期人的自尊心最强,以至图虚荣,我们经常可以看到战士们在一起比个头,比手劲,比跳高,这是最简单的显示方式。战士们集体荣誉感强,不服输,要善于发现,善于利用。但是,过度的自尊,容易滑向自卑,破罐子破摔,绝望轻生等,这也是青年战士的心理特点。带兵人的一个重要责任是帮助战士正确看待自己,把握自己,要自尊自爱,又不自卑自弃。

四、好奇求知,猎奇逆返

青年战士仍然保存着少年时期具有的好奇心,在一

般成人看来很平常的事,他也要摸一摸,问一问。这和他们不断增长的求知欲有很大关系,好奇心又促使他们求知探索,但又容易走向猎奇的极端,图新鲜热闹。战士的逆反心理强,越不让看,越想看,越不让干,越想干,思想工作不能采取堵水断流的办法,要多加疏导,讲清道理。

五、真诚坦率,容易偏激

青年战士由于经历的关系,见识不多,思想比较单纯,受旧事物影响比较少,没有多少陈规陋习,所以最少保守思想。他们条条框框少,处理问题比较果断,说起话来也真诚坦率,正义感强,不会玩心眼。我们的战士是可爱的,但是,有时容易轻率偏激,容易心血来潮,走极端。

六、富于激情,容易冲动

有的战士动不动就发火,处理问题不冷静,容易感情用事。这固然与战士受教育的程度,性格修养等有关系,但也和青年的情感特点有很大关联。青年战士容易动感情,情绪来得快,平息得也快,容易高涨,也容易低落,是暴风雨式的,我们要利用这个特点做工作。青年战士受不得委屈,他错了,只要认识到,你怎么办都行;要不是他的错,或者你放大了他的错,那么他既不接受也不忍受。所以,干部处理问题要把握分寸,要有水平,不要委屈战士。

七、青年战士爱面子、讲面子

怕丢脸是好事,这是自尊心的表现。只要要脸,就可以救药,可以做好多文章。所以,要保护战士的自尊心,给他们留面子、争面子,他会对你感恩戴德。战士家长来了,对象来了,你主动去、早点去看望,夸战士几句,战士就会感到有面子,保证给你好好干。战士容易被感动,你对他好,他可以把心掏出来;也容易冲动,稍加煽动就能把他的火给鼓动起来。这就要求我们要注意引导青年战士,增强理智,提高自我调节能力。干部本身要老练稳重,同时具有处理突发事变的能力。

八、喜欢探求,难于说服

许多带兵人叫苦"现在的兵难带",难就难在战士不听话,好自以为是,一般情况下不好说服。殊不知,这是青年战士思维的特点,就是独立性,批判性。青年人爱评头品足,这也是批判性的一种表现。对一种正确的思想观点,要经过自己的论证,才能接受;对一种错误的东西,自己有了情感体会才比较容易放弃。我们可以利用青年战士的这个特点,去让他们自己教育自己。

九、兴趣广泛,目标不专

青年时期精力旺盛,脑神经易兴奋强化,加之青年人富于理想,争强好胜,活泼好动,兴趣广泛,爱哼爱唱,爱蹦爱跳,爱玩爱乐。青年战士好玩好动的心理需求,如果从健康的渠道得不到满足,他就要自己释放,三五成群东溜西逛,碰到什么干什么。可见,青年战士的爱玩好动是限制不住的,也不能把战士的好玩看成是不爱学习的表现。有的干部一看见战士们玩儿就生气,这是不应该的。有的干部把工作排满,不让战士玩儿,怕出事,这是违背青年特点的。

认识我们的士兵,就要:

(1)客观。他们处在什么大背景下,处在什么心理阶段。这个问题要搞清楚,思想工作才能实事求是。

(2)辨证。既看主观又看客观,既看内因又看外因,既看个人又看家庭、看社会,这样才能正确地认识我们的士兵。

2 战士思想变化的新特点及规律

战士思想变化有规律可循。例如,思想变化受社会存在的制约,受思想基础制约等规律。新的历史条件下,战士的思想变化呈现出新的特点,给我们的思想工作提出新的要求。

一、隐蔽性增强

隐蔽性增强就是真实思想轻易不暴露,真心话一般不讲,真实意图掩盖起来,以至于干部"没想到""没防住",出了问题大吃一惊。战士为什么不讲心里话?怕什么?怕影响自己的形象,怕影响自己的小算盘,怕自己陷于被动局面,总之怕吃亏。再一个原因,就是对干部不信任。认为我讲了,你不但不会帮我,还会坏我的事情。

从心理学上讲,隐蔽的思想一定要外露出来。从隐性到显化,有一定的过程,需具备一定条件。隐性是相对的,暂时的,无论是潜意识还是显意识中的思想,都可以通过主体的一系列无意识的行为表现出来。外部条件成熟了,可以促使主体主动的暴露。因此,隐性思想的显化是完全能够实现的。这也对我们提出了新挑战。思想工作的真功夫,就在于能让战士把心里话讲出来,真实情况掌握在手。然后,有针对性的加以解决。可采取多种办法让战士讲出真心话,将思想由隐化到显化,例如采取信任法、依靠群众法、细心观察法、创造时机法等。

让战士思想由隐到显,只是思想工作的一个层面,更有意义、须下工夫的是消除战士的隐性思想,把战士

的隐性思想,消除在隐性状态。办法是:

(1)加强正面教育,消除隐性思想产生的思想根源,提供武器;

(2)讲究方法,以隐对隐;

(3)真情感化;

(4)敲打警钟。

二、变动性增大

思想的变动性是绝对的。因为思想是动态的、发展的,历来如此。只不过是现在的战士思想变化速度快,说变就变,外出一趟,接待一次客人,打一次电话,都能出现意想不到的变化。原因就是内因有基础,外部有条件。我们要推动积极的变化,避免负面的变化:

(1)要在加强教育引导,打牢思想基础上下工夫,在固本上下工夫。

(2)减少负面刺激,不造成机会,消除思想问题的触发点。

三、抗教性增大,固执性明显

一些战士对现在的有些教育不感兴趣,轻易说不到心里去,也轻易不信讲的那一套,你有千条妙计,他有一定之规。表面上挺规矩,内心烦着呢,当面"好好好",背

后我行我素。出现这种情况的主要原因,是战士经历复杂,有主意,从思想工作自身来检查,也存在一些问题:

(1)目标定位过高,和战士思想基础不合拍;

(2)空洞说教,针对性不强;

(3)教育者说做不一,让战士失望,说服力不强;

(4)教育者缺乏脚踏实地精神,缺少人情味,缺少理解尊重等。

四、并存性增多

并存性增多也就是在战士的思想中,先进的、无害的、腐朽的思想同时存在,呈现出多元化双趋向的冲突状态。如认为:

(1)人应该无私奉献,自己却不想过多付出;

(2)人生需要积极向上的精神支柱,同时也看中实惠;

(3)人应该有道德尊严,又信奉"没钱万万不能"。

两种对立的思想,常常并存于战士的头脑之中,互相斗争,时上时下。先进的思想占上风时,战士就先进,就积极;落后的思想占上风时,战士就消极,就滑坡。

所以,我们不能把战士简单的分成先进、落后两类,而是要用辩证的、联系的观点去分析战士,谁都有可能成为标兵模范,谁也都有可能成为罪犯,关键看我们如何做工作,如何去引导。

第十五章

如何做好战士的思想工作

概 述

思想在本质上讲,是客观现实在人的头脑中的反映,经过思维活动而产生结果。思想不是无缘无故的产生和变化的,而是随着客观存在的变化而变化,具有随机性。所以,当客观存在发生变化时,战士思想都会程度不同的发生变化,思想工作必须及时跟上。"好雨知时节,当春乃发生",而且要"随风潜入夜"。

1 经常性思想工作

一、把握思想变化规律,增强工作实效

(一)把握思想变化的随机性规律,增强思想工作及时性

把握思想变化的随机性规律,增强思想工作及时性。这就要求思想工作者必须思想敏锐,头脑清醒,审时度势,对因客观形势变化引起的思想问题,要及时了解,确实弄清,认真解决。对关系到士兵切身利益的重大政策举措,干部要认真研究,吃透精神,不仅要向战士宣传教育,还要运用其精神解决战士的实际问题。

掌握了随机性规律,就可以对思想问题进行预测,未雨绸缪,把工作做到前面,预测到可能要发生问题,采取措施,把问题减少到最低限度。

(二)把握思想变化的需求性规律,增强思想工作实效性

人的思想是与其需求的产生、发展、变化相互联系的。需求是人活动动机的源泉,是调动人的积极性的启

动按钮。从一定意义上讲,思想工作就是研究、满足和调节人的需求的工作。思想工作不能"有求必应",因为条件所限,有的能满足,有的办不到。而且,有的需求不合理,要加以引导、制止。但必须是"有求必到",这是思想工作的责任。这条规律要求我们:

1. 把思想工作做到实处

要细心观察、了解战士的需求,知道他们在想些什么,需要什么,哪些能满足,哪些需要做调节工作,把思想工作做到实处。比如,战士新兵初期有"怀乡念友"心理,分配工作有"选择挑拣"心理,评功评奖有"争一争"心理,入党、考学、当骨干不如愿有"不平衡"心理,复员退伍有"利益获得"心理等。根据这些需要的满足程度,去做战士的思想工作。

2. 针对需求的不同,采取相应的方法

战士的需求是多色彩、多类别的,思想工作要针对需求的不同,采取相应的方法。如成才的需求,给他们提供成才的条件;民主的需求,多听听他们的意见;温暖的需求,多关心体贴他们;解决实际问题的需求,包括诊病、探家等,能解决的尽量解决,解决不了的,要话说到、腿跑到、心意尽到。

以上可以看出,思想工作的途径不一定都是搞教育、讲道理,如送一套丛书,诚心诚意地倾听,有时甚至拍一拍肩膀,问一句"你妈妈的病好一点了吗?"都是思想工作。

3. 根据需求的性质做好工作

人的需求具有两极性,有合理、不合理,好与不好之分。不是所有的需求都要满足,有的要引导,有的要禁止,有的要斗争。不能认为,只要战士提出来的需求,就都要满足,思想工作的原则性、战斗性往往也就体现在这里。当然这里还有一个做工作的艺术性问题。人的需求还有主导性、发展性、反复性、社会性等特点,也都为思想工作提出了要求。

(三)把握思想变化可塑性规律,增强思想工作战斗性

思想的变化,内因是根据,外因是条件。客观环境对人的思想教育有着重要的影响作用,环境的作用引起思想变化的性质,称之为可塑性。可以说,这是思想工作的生长点。20世纪60年代,为什么"雷锋"多?和当时的社会风气有很大关系。风气,就是一种环境。一个人的成长与家庭、社会环境、结交的朋友、读的书刊、看的电视都有很大的关系。

> 雷锋之所以成为伟大的共产主义战士,和两个人、三本书有密切关系。
> 第一个人,就是雷锋家的邻居,做过长工,

拉过人力车,土改时担任雷锋家乡的农会主席,后来当了乡长的共产党员彭德茂。通过彭德茂,雷锋认识了共产党是为老百姓办好事的。

第二个人,是张兴玉书记,时任雷锋家乡湖南省望城县委书记。1956年,雷锋被彭乡长送到县委,给县委书记当通信员。张书记告诫雷锋,一生要实现3件光荣的事:入队、入团、入党。

要多读书,向黄继光、刘胡兰等英雄学习,对他影响非常大。雷锋短暂的一生中反复读了多遍的书,一本是《毛泽东选集》、一本是《黄继光》、一本是《钢铁是怎样炼成的》。

根据这条可塑性规律,我们要对战士多强化正面教育,多树正面形象,让战士多读好作品。

环境的布置也要给战士以正面引导、熏陶。对腐朽思想文化的传播渠道,必须坚决堵住,不能开放,才能净化环境,净化心灵。

二、经常性思想政治工作是我军政治优势的生动表现

人是管理教育中最积极最活跃的因素,只有搞好对人的管理,才能通过人搞好其他管理。正如邓小平曾经说过的,所谓管理的好,主要是做好人的工作。军队管理教育的主要对象是人,重点是要管好人,做好人的工作。人的行为受思想控制支配,管人和做人的工作,首先是要管好人的思想,做好人的思想政治工作。军队为完成自己的历史使命,无论平时还是战时,都要经常面临艰难困苦甚至流血牺牲的考验。军人没有高度的思想觉悟、正确的思想观念和自觉的献身精神,军队就难以完成自己的使命。

我军历来重视用进步的思想贯注于军队之中,通过强有力的思想政治工作,极大地启发官兵的思想觉悟,凝聚军心,鼓舞士气,调动官兵的积极性和创造性,保证战胜艰难险阻和强敌。这是我军特有的政治优势,反映在管理教育中,就是坚持思想领先,坚持管理与教育的紧密结合,通过耐心细致地说服教育,提高官兵服从管理、遵守纪律的自觉性,把上级的指示和规章制度变成官兵的自觉行动。

在新的历史条件下,我军面临着"打得赢"和"不变质"两大历史性课题,面临着改革中利益调整的冲击。坚持我军管理教育的思想性,具有更为重要的现实意义和深远的历史意义。这就要求在管理教育工作中,必须认清当今社会政治、经济、科技和思想文化等方面的变化对军队管理教育所产生的深刻影响,结合官兵思想实

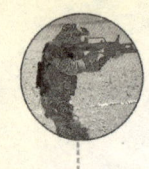

际,坚持:

晓之以理——用科学的道理启迪人;

动之以情——用深厚的感情感化人;

导之以行——用严格的制度和纪律约束人。

使官兵坚定信念,明辨是非,激发热情,自觉遵守纪律,自觉接受管理。

"思想是行动的先导",要从根本上解决战士在作战、训练、工作和生活上出现的各种问题,必须要针对战士的特点,深入细致地做好经常性的思想政治工作,要熟悉他们个人、家庭情况,及时了解战士的喜怒哀乐以及身体情况、性格特点,做到具体问题具体分析。为此,作为一名排长:

一要对全排每个战士的基本情况做到心中有数,对各种情况下的思想倾向和心理需求要充分掌握。

二要密切与战士的感情,真诚地尊重、信任、理解战士,为兵服务,为兵负责,成为战士的贴心人。

三要充分发挥骨干作用,充分发挥本排的班长和党、团小组长等骨干的作用,搞好内部团结,使全排形成一个拳头。否则,排长个人本事再大,能力再强,也不会做好工作。

2 教育工作

教育要从5个方面做工作。

一、率先垂范,以身作则

排长是基层的带兵人,是基层各项工作的组织者和指挥官,是基层工作的带头人,这就决定了排长必须率先垂范,以身作则。古人说:"以身先人,故其兵为天下雄"。"其身正,不令而行,其身不正,虽令不从。"这就说明带兵人言行举止、模范作用十分重要。率先垂范,以身作则,是有效的带兵方法。排长的表率作用,是最有说服力的管理,排长的模范行动,对战士是无声的命令。毛泽东曾经强调指出:"干部要处处以身作则,作士兵的表率。这是做好管理教育工作的重要因素。我们的干部必须是执行纪律服从命令的模范。"[①]排长做好管理教育工作的因素是多方面的,而以身作则,模范带头是最重要的因素。排长在实施管理中,既要言传,更要身教,两者缺一不可。

---

① 引自:谈革命军队的管教方法[N].解放军报,1981-11-26.

（一）强化依法管理教育的意识

作为一名排长，首先必须对依法管理教育的重要性有深刻的认识，强化依法管理教育的意识。由于传统文化和封建观念的长期影响，民主与法制精神先天不足，我们一些带兵人依法管理教育的观念还比较薄弱。这就要求我们要广泛深入学习党的三代领导核心关于依法管理教育的思想，增强广大官兵依法办事、依法维护合法权益的意识，提高素质，为切实实现依法管理教育奠定基础。

要把依法管理教育看做是关系到加强军队建设的重要原则的高度来认识，关系到军队现代化建设的重要标志来认识，不能把这项任务当成可做可不做的事情，而是必须要做好的一项重要职责。

（二）必须要知法、守法，做部属的表率

江泽民同志就反复强调，领导干部要严格要求自己，做好样子。上梁不正下梁歪，中梁不正倒下来。任何一个领导班子，如果凝聚力强，精神面貌好，处处以身作则，这个单位的战斗力肯定强。作为一名排长要依法管理，严格按条令条例办事，就必须带头学习，熟悉和掌握法规制度内容，从思想上牢固树立法规意识。并自觉

地把它贯穿于管理教育工作全过程。做到：安排工作上，不降低标准；抓落实上，不打折扣，不搞变通；执行过程中，不搞随意性；坚决防止和克服"以权代法""严下不严上，严兵不严官"的现象，废除管理教育的"土办法"。

（三）必须提高部署落实法规纪律的自觉性

毛泽东同志曾指出，这个军队之所以有力量，是因为所有参加这个军队的人，都具有自觉的纪律。历史和现实都深刻地揭示了"自觉的纪律"乃是人民军队纪律的真谛。思想支配行为，对法规纪律认识到什么程度，遵循的自觉性就提高到什么程度。因此，我们要加强教育启发部属的自觉性，把依法管理教育提高到新的水平。军队中的条令条例和规章制度是军队行动的准则，是军队建设必须遵循的依据，排长负有对部属进行法律教育的直接责任，是实施法规教育的直接组织者。排长要通过教育，切实使部属做到"三个自觉"：

（1）自觉遵守我军的各项纪律；

（2）自觉做到本人违犯法律被他人制止时，应当立即改正；

（3）自觉做到发现其他军人违反纪律时，主动规劝和以合法手段坚决制止。

二、严格执行装备的保养、保管和使用规定

"教育全排爱护装备,严格执行装备的保养、保管和使用规定"。加强武器装备管理是排长的重要职责之一,也是一项重要的工作内容。连队是武器装备管理的基本单位,是武器装备的直接使用者,排长只有管好用好本单位的武器装备,使其战术、技术性能得到充分发挥,才能形成人和武器的最佳结合。排长如何做好武器装备的管理工作呢?

(一)带头认真落实武器管理的各项规章制度

作为一名排长,必须树立依法管理的观念,提高爱装备意识,必须带头学习条令、条例,带头学习和全面掌握各种规章制度,协助连队搞好武器装备管理知识和制度的学习,扎扎实实抓好武器装备管理制度的落实,按照"静态抓制度落实,动态抓人与武器的结合,全员抓素质提高"的要求,努力实现领导管装备、人人爱装备、坚持制度、保养经常、训练严格、设施配套、保障有力,使所属人员达到武器装备的"四无"(无丢失、无损坏、无锈蚀、无霉烂变质)要求。

(二)深入开展群众性爱装备活动

作为排长要主动协助连队搞好经常性的教育工作,

注意对所属人员进行军队职责教育。从新兵入伍起,就把我军的情况和新时期肩负的神圣使命灌输下去,使广大官兵明白优良的武器装备转化为战斗力必须依靠经常性的管理;要搞好光荣传统教育,牢固树立"武器装备是军人的第二生命"观念;要搞好兵器知识教育,使部属熟悉各种武器装备,为正确使用和管理奠定理论基础;要搞好武器装备法规制度教育,使部属知法守法,按要求履行本职工作。通过教育,使广大官兵克服"等、靠、要"的思想,树立现有武器装备打胜仗的信心。

(三)注重对所属人员素质的训练与提高

排长在管理教育活动中,要抓好武器装备的"三熟悉"(熟悉基本性能,熟悉数量和质量情况,熟悉日常管理)和"四会"(会操作使用,会检查,会维护保养,会排除一般故障)的训练;要积极开展群众性的岗位练兵训练,争取以知识完善岗位"四会"、无杂音操作等各种形式,激发所属人员管理装备的热情,增强管理装备的自觉性,提高全体人员管理装备的竞争意识;要抓好专业基础知识的训练,在普遍开展专业基础训练时,还应注意培养专业技术骨干,特别是专业不对口的排长要注重发挥专业技术骨干的指导作用;要不断进行新知识、新理论、新技能的学习。排长要经常组织所属人员认真熟悉

所配发的各种新型装备的战术、技术性能及操作使用方法,使配发的各类新装备尽快形成战斗力,这是一项长期性的重要任务。

三、帮助骨干提高组织指挥能力和管理教育能力

《内务条令》在职责一章中明确规定排长应"帮助班长、副班长提高组织指挥能力和管理教育能力"。因此说,加强对班长骨干的培养和使用,提高他们的组织指挥和管理教育能力是排长一项重要职责,也是一项根本性任务。这是班长骨干在管理教育中所处的地位和所起的作用决定的。为了更好地履行各项职责,高标准做好对班长的培养和使用,我们当排长的必须对班长骨干的地位、作用有深刻的认识。

某集团军"优秀班长标兵"唐山,当班长多年,处处做战士的知心朋友,化解了许多矛盾。

有一次,战士小杰私自回家,连长十分着急,发电报把他追了回来。小杰回连后怒气冲冲责问连长为什么给他家拍电报?连长愤怒极了,声言要处分他,可小杰强词夺理硬说自己没有回家,两人大吵了起来。唐山见此情景,马上拉走了小杰,问他,你没有回家,怎么知道连长给你家发电报?小杰感到了自己理

亏,唐山趁势做思想工作,终于使小杰主动找连长承认了错误,双方重归于好。

还有一次,有一名入伍前有劣迹的新战士在打靶时不小心走了火,连队干部说他恶习不改,这名战士不服,顶撞了几句,干部便要处分他。唐山感到这样不妥,便找干部谈心,开诚布公地指出干部不该在众人面前伤害战士的自尊心,新兵打靶走火有心理紧张的因素,不能与他入伍前的表现搅在一起,疙瘩随之化解。

某团坦克连"尊干爱兵"士官赵兴波,看到刚从院校毕业的王排长刚当排长就遇到一个难题:个别老兵不愿站岗,王排长觉得很为难。这时,赵兴波主动出面做工作。他对排长说:"站岗的事先安排我,其他的老兵我来做工作。"有的老兵不理解,他说:兵再老,也是一个兵,当兵哪有不站岗的?由于赵兴波带头,排里老兵再也没有不愿站岗的了。

一次,上级组织训练先进连考核竞赛,连里干部打算拼凑尖子参加竞赛。赵兴波不同意这种做法,便向连长提出意见:"这样做只调动了一部分人的积极性,挫伤了大多数人的积

极性,不利于全面提高连队的战斗力。"

赵兴波提出三条合理化建议:一是实行训练目标责任制。二是实行专业技术互帮互学,好的带差的。三是开展建制班达标竞赛。他还主动请缨担任双杠、木马、射击等6个科目的教学任务,连长终于愉快地采纳了赵兴波的意见和建议,结果在上级考核竞赛中,七连进入了前三名。

四、严守秘密,落实安全措施

"教育和监督全排严守秘密,落实安全措施,预防各种事故和案件的发生。"《内务条令》在排长职责条款中明确规定了做好安全工作,预防事故和案件的发生是排长的重要职责之一,也是排长必须要完成的重要的管理教育工作任务。

《中国人民解放军内务条令》,是规范军人基本职责、军队内部关系和日常生活制度的军事法规,是军队实施行政管理的基本依据。新条令由原来的21章48节326条,修改为21章62节420条。修改的主要内容有10个方面,其中的七、八两个方面对严守秘密,落实安全措施进行了强化和补充①。

(一)注重信息安全,强化了保密及移动电话、国际互联网的使用和管理规定

为加强保密工作,近年来军委、总部修改制定了一系列有关安全保密的法规制度,以及移动电话、国际互联网使用的相关规定。新条令比较全面地吸收了这些法规制度和相关规定,以便于全军严格贯彻执行。首先,对"保密守则"作了新的概括,即"不该说的秘密不说;不该问的秘密不问;不该看的秘密不看;不该带的秘密不带;不该传的秘密不传;不该记的秘密不记;不该存的秘密不存;不随意扩大知密范围;不私自复制、下载、出借和销毁秘密;不在非保密场所处理涉密事项。"其次,强化了对移动电话的管理和使用。明确规定:"军队单位应当采取审批备案、规范使用时机场合、设置禁用标志、屏蔽信号等有效措施,严格控制移动电话的使用与管理。因工作需要确需使用公网移动电话,必须经团以上单位首长批准,并报所在单位司令机关备案。"与此同时,对移动电话的使用规定了"十项禁令"。三是针对信息安全方面的新情况新问题,条令在全军保密委员会

---

① 穆显奎.新修订的《中国人民解放军内务条令》解读[J].国防,2010(07).

下发的"严密防范网络泄密'十条禁令'"的基础上,专门针对国际互联网的使用规定了"十项禁令"。

（二）补充了安全管理规范,对常见事故的预防作了明确具体的规定

2008年发布的《中国人民解放军安全条例》对安全工作的要求、内容、程序、方法等作了全面规范,但未涉及常见事故预防的具体内容。为进一步牢固树立和认真落实安全发展理念,增强安全管理制度的系统性、针对性和操作性,实现与《安全条例》的有机衔接,新条令在"总则"中规定:"中国人民解放军的内务建设,必须坚持安全发展理念。"同时,对原条令第十九章中的"常见事故预防"进行了调整和充实,将章名由"安全工作"修改为"常见事故防范",并具体规范了对车辆交通、工程作业、误击误炸、火灾等十二类常见事故和自然灾害的防范。

五、政治合格,军事过硬

当前在带兵中一个值得注意的问题,就是有的同志降低要求,把带兵的标准放在不出问题上,这就影响了我们带兵水平的提高。早在20世纪60年代,叶剑英就曾提出过带兵的四条标准,即团结紧、纪律严、斗志高、军容壮。20世纪80年代,三总部又强调通过"严格的、

科学的管理教育,使部队保持高度的集中统一,具有严明的纪律,优良的作风,紧密的团结,正规的秩序。"中央军委1994年颁发的《关于加强军队管理教育工作的决定》,提出了管理教育工作的七条标准:

(1)各级各类人员按规定在职在位,尽职尽责;

(2)令行禁止,一切行动听指挥;

(3)条令、条例和规章制度落实,四个秩序正规;

(4)部队风气正,士气高,官兵团结紧密,军民关系融洽;

(5)装备管理科学化、制度化、经常化,保持良好状态;

(6)伙食管理好,物质文化生活有保障;

(7)完成任务好,事故案件少,部队安全稳定。

新形势下搞好带兵工作,必须认真贯彻执行这些指示和规定,切实落实军委提出的"政治合格,军事过硬,作风优良,纪律严明,保障有力"的总要求。具体来讲,带兵工作的标准主要是:高昂的斗志、紧密的团结、优良的作风、严明的纪律、严整的军容、正规的秩序。

(一)高昂的斗志

高昂的战斗意志能转化为强大的战斗力。军事斗争是血与火、生与死的搏斗,旺盛的士气、高昂的斗志,

是军队夺取胜利的精神支柱,它使军人对保卫祖国和人民的利益表现出超常的勇气和毅力。高昂的战斗意志,能激发人们的荣誉感,唤起责任感,坚定必胜的信心。在带兵实践中培养部队旺盛的斗志是带兵工作的重要任务,也是衡量带兵工作的重要标准。现代高技术战争,对军人的战斗意志提出了更高的要求。这就要求我们广大带兵干部通过训练、执勤和日常生活自觉地培养官兵坚强的斗志,把部队带领成精锐之师,在军事斗争中立于不败之地。

(二)紧密的团结

紧密的团结是指军队内部和外部关系十分密切,官兵休戚与共,军民鱼水相依。带兵工作在很大程度上是做人的组织、管理、教育和协调工作。建立融洽和谐的军队内部关系,进而密切官兵之间的关系,这是带兵工作的基本任务,也是衡量带兵工作的重要标准。这里讲的军队内部关系主要是指官兵关系和上下级关系,最基本的是官兵关系。带兵工作做得好,干部就会像兄长爱护幼弟一样爱护战士,战士像尊敬兄长一样拥护干部,官兵亲密团结。

军队生活在社会之中,军队和人民群众、地方政府,经常发生接触和联系,军队带兵工作做得好坏,纪律是否严明,军容是否严整,安全防事故工作做得如何,军队是否热爱人民、尊重政府,严格执行当地政府的政策、法规,都直接影响着良好的军民关系和军政关系的建立。而这些工作都与带兵工作密切相关,要靠良好的带兵工作给予保证。带兵工作必须坚持官兵一致、军民一致的原则,切实搞好两个团结。

(三)优良的作风

军队的作风是军队组织及其成员在战斗、工作、思想、生活等方面一贯表现的态度、行为和风格,是军队及其成员的政治立场、思想方法、工作态度、生活情趣、道德行为和战斗风格的综合反映,体现着整个军队的风貌和形象。我军的优良作风,具有丰富的内容,已经形成了完整的体系,概括起来主要是以下几个方面:

1. 战斗作风

战斗作风:勇敢战斗、不怕牺牲、不怕疲劳、连续作战和勇敢顽强、坚决积极、迅速准确、严守纪律。

2. 思想作风

思想作风:坚定正确的政治方向,理论联系实际,密切联系群众,勇于批评和自我批评,谦虚谨慎,不骄不躁。

3. 工作作风

工作作风:忠于职守,无私奉献,实事求是,真抓实干,说老实话、办老实事、做老实人,积极进取,敢于负责,大胆创新。

4. 生活作风

生活作风:艰苦奋斗,勤俭节约,廉洁奉公,团结、紧张、严肃、活泼。

这些优良作风,是我军本质的体现,是克敌制胜的强大精神力量。我们要在带兵实践中,从一日生活抓起,持之以恒,点滴养成,着力培养优良作风。永远保持老红军的本色,使老一辈无产阶级革命家培育的优良作风代代相传,发扬光大。

(四)严明的纪律

纪律是一定社会组织要求人们共同遵守的准则。我军的纪律是巩固党对军队绝对领导,维护内外团结,胜利完成作战、训练等各项任务的重要保证。严明的纪律,就是建立严肃而公正的纪律,执行纪律严格认真,一丝不苟,不徇私情。我军历来以军纪严明而著称于世,自觉遵守纪律是革命军人必须具备的优良品质,是我军的优良传统,也是带兵工作的重要标准。人们看一支军队带得怎么样,首选是看它执行纪律的状况如何。军纪严明的军队必定是内部团结,群众拥护,敌人惧怕。正如陈毅元帅指出的,纪律是军队战斗力的测量器。严明的军纪为军队的命脉所系,它是统一全军意志,规范全军行动,实施科学带兵的重要依据,也是衡量带兵工作的重要标准。

(五)严整的军容

军容是指军队和军人的仪表、姿态和举止。它是军队素质和战斗力的外在表现,是文化教养、文明程度和精神面貌的反映,是作风纪律状况的重要标志。军容的好坏,直接关系到军人的形象、军队的声誉和威望。严整的军容,是带兵工作的重要标准之一,它包括广泛的内容。主要是:

(1)着装整齐划一,具有严格的规范。

(2)仪容整洁,讲文明、讲礼貌、讲卫生。

(3)举止端庄,姿态良好,坐有坐像、站有站样,并自觉遵守公共秩序和社会公德。

搞好军容风纪建设,要加强经常性的思想教育工作,使广大官兵树立军人的审美观、集体荣誉感,把个人的衣着、仪表同我军的整体形象联系起来,无论在任何场合、任何条件下,都不得以任何理由损害军队的荣誉和整体形象。

（六）正规的秩序

正规的秩序，具体内容在本书第九章已叙述。多年来，"尊干爱兵"已经从"制度"演化成为我军特有的"人情习俗"。这意味着它不但是硬性的条令义务，还是深入骨髓近乎本能的道德观念。近年来，受社会上庸俗人际关系的影响，"尊干爱兵"传统也遭遇到相当的困惑，战士为个人利益找干部"进贡烧香"，干部把对战士成长进步的"关心"建立在物质基础上；他们为自己的行为开脱时，也会用"尊干爱兵"来自嘲，但稍一转念心里还是有几分怯意。他们知道，这是对"尊干爱兵"四个字的亵渎和叛离。

尊干爱兵在1972年版《军语》中[①]，这个词还曾叫做"拥干爱兵"。这四个字，在我军内务条令中有明文规定，是军队政治工作中常常引用的"官话"，也是军营生活中的一种现实的人际关系。

自古以来中国民间就有"好铁不打钉，好男不当兵"的说法，这当然和千百年战祸频仍、多灾多难的历史环境有关。尤其是近代历史上列强侵略，军阀混战，穷人家的孩子动辄就

---

① 黄雪蕻.尊干爱兵[J].军营文化天地，2007(08).

被抓去做壮丁,饱受长官和老兵的欺凌压迫,"平日做奴仆,战时当炮灰",谁又想当兵,谁又敢当兵呢?是在1927年江西永新县三湾村一支叫"红军"的队伍里,平地起雷,首次发出了"破除军阀作风、实行官兵民主"的倡议;在两年后的"古田会议"里,红军又再一次明确了人民军队新型平等的官兵制度,彻底废除了肉刑和打骂制度。这一制度意义深远,从某种意义上可以说是我军和旧军队的本质区别。延安"整风"期间,边区部队正式提出了"尊干爱兵"这一倡议,从此作为我军一项根本制度被沿袭了下来。建军85年来,这一优良传统代代相传、发扬光大,对增强部队凝聚力和战斗力起到了无可替代的重要作用。战争时期,"尊干爱兵"以王克勤首创的"官兵团结互助运动"为重要标志;和平年代,是位列六位英模之一的炮兵少校苏宁奏响了"尊干爱兵"的最强音。军事集团最显著的组织特征,是讲究等级和服从。然而,这仅仅是从军人履行职能的意义上来规定的,并不意味着官与兵人格的高低贵贱。作为人民军队内部关系的原则,被概括为"官兵一致",其核心理念是政治上的平等。而

"尊干爱兵"的要求则进一步诉诸伦理层面,在"尊""爱"互动中增进官兵感情。

西方军队中强调官兵"各司其职"的意识,我军更看重上下"同心同德",相信建立在深厚情感基础上的行动,绝对比听令行事更具威力。说到底,它开掘的是个人的主观能动性,由此形成的"团结就是力量",才能"比铁还硬、比钢还强"。

中国航母

第十六章

基层指挥员需了解的日常工作

概 述

"掌握全排人员的思想情况,关心爱护士兵,做好思想政治工作,增强团结,保证各项任务的完成。"《内务条令》在排长职责内容中,明确了做经常性思想政治工作是排长重要职责之一,也是排长进行管理教育工作的重要任务。

有这样一段话,希望我们排长牢记住,就是没有灵魂的队伍最典型的特征是:没有责任、没有尊严、没有进取;在业务上则是:没有章法、没有配合、没有办法。排长做好经常性思想政治工作,才能成为其领导的队伍的灵魂。

一、作为指导员如何协同连长做好组织训练工作

连队指导员具有桥梁过渡作用,所以为了更好的协同连长做好组织训练工作,其应该做到以下几点:

(一)积极配合连长,加强连队的日常工作

积极配合连长,加强连队的日常工作,培养良好的作风,提高训练的质量,抓好安全,防止事故,争创军政训练、内务卫生先进连队。

(二)了解全连人员的思想状况

了解全连人员的思想状况,关心班、排长和队员的学习与生活,主动帮助他们解决实际困难,做到晓之以理,动之以情,做好后进队员的思想转化工作,化解矛盾,增进团结。

(三)鼓舞士气,营造良好的训练氛围

根据工作的实际,主动做好各训练阶段的思想教育和宣传动员工作,鼓舞士气,营造良好的训练氛围。

(四)丰富连队业余文化生活

发挥战士自我管理教育作用,组织开展文体活动,学唱军旅歌曲,丰富连队业余文化生活。

(五)经常深入到学员中去

严于律己,以身作则,工作认真,坚守岗位,经常深入到学员中去,发现问题及时解决。

(六)协同连长组织考核

协同连长组织考核,对队员军训成绩进行综合评定。

(七)负责全连工作

连长不在时,履行连长职责,负责全连工作。

二、作为指导员怎样做好党支部的日常工作

做好党支部日常性的工作,是发挥党支部在连队基层组织中的战斗堡垒作用和党员先锋模范作用的重要基础。一般来说,党支部的日常性管理工作包括掌握党员的基本情况,党费的收缴和管理,党员的党籍管理及组织关系的接转,民主评议党员和处置不合格党员等几个方面。

(一)掌握党员的基本情况

1.掌握党员的基本情况,是做好党员管理工作的一

项基础工作

党员的基本情况包括:自然情况(党员人数,党员的性别、年龄、入党时间、文化程度,职业、职务、职称,奖惩情况、主要经历,发展党员情况等)、思想状况(政治觉悟、思想品德、价值观念、纪律观念等)、工作情况(本职工作完成、交办任务落实情况,党的活动参加情况,工作态度、工作实绩等)、学习情况(学习态度、文化水准、专业特长、在读情况等)和生活情况(婚姻、恋爱、家庭情况等)。

2.掌握党员的基本情况要注意四点

一是力求真实、全面,防止片面性、表面化;

二是规范、系统,制订切实可行的计划、制度和办法;

三是注意情况的不断变化,充实应掌握情况的内容;

四是对情况进行认真分析研究,发现问题,认真解决。

(二)党费的收缴和管理

1.党费收缴

按照《党章》规定向党组织交纳党费,是共产党员必须具备的起码条件,是党员对党组织应尽的义务,也是党员关心党的事业的具体体现。它不仅可以为党的活动提供部分资金,更重要的是能够增强党员的组织观念,党支部应当认真做好党费的收缴和管理工作。

对党员交纳党费的要求主要有四项:

一是党员的党费本人亲自交纳,一般不允许别人代交;

二是按期交纳,一般按月交纳。党员无正当理由6个月不交纳党费,就被认为是自行脱党;

三是按规定的标准交纳。没有特殊情况和经过批准,不可以少交;

四是党员不管受何种处分、处理,不管因何种原因出国出境,只要具有党籍,就应按规定交纳党费。自愿多交不限。

2. 党费管理的基本要求

党费由党委组织部门代党委统一管理。党支部指定专人负责收缴党员每月交纳的党费,一般由组织委员或党小组长负责;党支部按月(季)上缴党委组织部门;支部组织委员要经常检查党员交纳党费的情况,发现党员迟交、欠交党费的,要及时教育并向支部书记汇报。

3. 党费的使用范围

党费使用(留成或上级党委下拨部分)主要是用于培训党员;订阅或购买用于开展党员教育的报刊、资料

和设备;表彰先进基层党组织、优秀共产党员和优秀党务工作者;补助生活困难的党员。党费的使用由党委统一安排,专款专用。支部需要使用党费应征得党委同意,在规定的范围内开支。

(三)党员的党籍管理及组织关系接转

1. 党员的党籍管理

党籍指党员资格。申请入党的同志从被批准为预备党员的那一天起,就取得了党员的资格,也就有了党籍。党籍不同于党龄。党龄表示党员在党内生活和工作的实际经历,从预备期满转为正式党员那一天算起。党员的党籍问题关系到一个人的政治生命,党支部在处理党员的党籍问题时,必须慎重对待,按规定的程序办理。

2. 党员组织关系接转

党员因调动工作、参军、招工、入学以及其他原因,需要从一个单位或地区到另一个单位或地区,方可转移党员组织关系。转移党员组织关系,要统一使用《中国共产党党员组织关系介绍信》。

党员临时外出工作、学习、实习、休养等,时间在6个月以内的,一般可开具党员证明信件。各级党组织统一使用《中国共产党党员证明信》。

党支部不能直接对外单位转移党员组织关系,只可介绍党员到上一级党委组织部办理转移手续。党员转移组织关系,应由所在党支部开出党员组织关系介绍信或证明,由党员本人亲自到上级党委组织部门办理转移手续。党员组织关系介绍信由党员自己携带,妥善保管,到了新单位立即交给党组织。对超过6个月不转移组织关系的党员,要按《党章》规定,以自行脱党论处。

3.党支部在流动党员管理工作中的基本要求

加强本支部外出流动党员的管理。党支部要了解掌握外出流动党员情况,加强与流入地党组织的联系,配合流入地党组织共同做好流动党员外出期间的教育管理工作。

(四)民主评议党员和处置不合格党员工作

1.民主评议党员工作

中共中央组织部在《关于建立民主评议党员制度的意见》中规定:"民主评议党员工作,在党委的领导下,以支部为单位有步骤地进行。"可见,做好民主评议党员工作,关键在党支部。

2.妥善处置不合格党员的工作

严肃处置不合格党员是新时期从严治党的要求之一。处置不合格党员工作是与民主评议党员工作既有

联系又有区别的一项工作。前者是后者的一项内容,后者是前者的基础。处置不合格党员不是非等到民主评议党员时才进行,而应当作为党支部的一项经常性工作,及时发现,及时处置。

三、怎样在紧急情况下做好动员工作

快速动员是指接到上级命令后,在规定时限内迅速成建制收拢集结人员和请领、征用装备物资,齐装满员的活动。怎样在紧急状况下做好动员工作呢?

(一)思想政治工作需先行,形成强势

要形成思想政治工作的强势,一般可从以下几个方面入手。

一是充分利用电视、广播、报刊等大众媒体。大众媒体是引导舆论的主渠道,是思想政治工作的得力助手。

二是联合召开快速动员会议。会议是传达精神、部署工作的一种有效形式。

三是各级党政机关开展有关快速动员的文艺演出、演讲比赛等活动。这些群众喜闻乐见的活动,具有很强的吸引力和宣传效果。

四是各基层单位通过黑板报、横幅、标语等简便易行的方式去宣传。

(二)必须选准动员内容,激发士气

通过丰富多彩的方式形成快速动员的大气候之后,能不能达到激发士气的目的,关键还在于内容的选择。因为能打动人心的一般是深刻的道理或感人的事情,而不是华而不实的外表。从我国的实际情况出发,笔者认为以下3个方面的教育具有很强的激发力。

1. 爱国主义教育

国防生、预备役官兵只有树立起爱国主义思想,才能自觉加入保卫祖国的行列中去。爱国主义,是一个国家、一个民族凝聚人心的重要思想基础和不断追求进步的强大精神动力。爱国主义是千百年来巩固起来的对自己祖国的一种深厚的感情,这种感情源自于对祖国悠久的历史、灿烂的文明、优秀的民族文化传统,美丽的自然风光、丰富的物产资源、辉煌的建设成就、光明美好的发展前景,以及历史和现实中无数仁人志士、英雄的人民,为祖国的解放、富强和文明、进步而英勇奋斗的崇高精神,光辉业绩的了解与体验。

从这个意义上说,爱国主义教育素材非常广泛。从历史到现实,从物质文明到精神文明,社会生活的各个领域都蕴藏着极为丰富的瑰宝。我们要善于运用这些

素材进行快速动员时的爱国主义教育。

2. 抗洪精神教育

1998年夏天,我国长江、嫩江、松花江流域发生了历史上罕见的特大洪水。全国800多万地方干部群众和30多万部队官兵日夜奋战抗洪抢险第一线,用生命和血肉筑起一道道抗洪大堤。被江泽民总书记概括为"万众一心、众志成城,不怕困难、顽强拼搏,坚忍不拔、敢于胜利"的抗洪精神就是在这个时候形成的。

抗洪精神体现了团结的力量,体现了艰苦奋斗、不畏艰险的大无畏精神,体现了决战决胜的坚强意志和革命乐观主义精神。打仗与抗洪一样面临着艰险和牺牲,因此,进行抗洪精神教育有很强的现实意义。开展抗洪精神教育,能激发官兵不怕苦、不怕死的精神。

3. 进行法制教育

这里所说的法制主要指动员法规。动员法规作为国家法律的组成部分,它所规定的国家在战时的职责,集体和公民在战时应当承担的义务和应遵守的规范,正是战时三者之间利益关系的法律体现,对国家各级机关、各企事业单位以及全体公民不仅有很强的约束力,而且有很大的号召力和引导力。

开展动员法规教育时,要重点进行武装力量动员法规教育。

(三)动员工作必须排忧解难,安定人心

动员工作既要务虚,又要务实。像前面提到的爱国主义教育、抗洪精神教育等都属于务虚的范畴。这里所说的务实,就是指为官兵排忧解难。

综上所述,在快速动员工作中一定要做到务虚与务实相结合。只有务虚的纯教育而不解决具体问题,或只有务实的纯实惠而不进行思想引导,都不能使战士的思想在短时间内得到升华。

四、舰队一日生活制度

舰队一日生活制度指工作日通常保持 8 小时工作(操课)和 8 小时睡眠,并规定起床、早操、洗漱、开饭、课外活动和点名时间。

星期六可以用于集体组织"两用人才"培训,科学文化学习、文体活动、农副业生产等,也可以用于营区内休息。

星期日和节假日除特殊情况外应当安排休息。作息时间由师(单独驻防的团)以上机关按中国人民解放军《内务条令》的规定,依据季节、部队任务和驻地环境等情况具体制定。

五、作为排长如何安排计划军事工作

(一)充分调动骨干参与管理的积极性

1. 要充分发挥骨干的助手作用

发挥骨干的助手作用可以从以下5个方面入手:

第一,发挥骨干为连队建设出谋划策的小参谋作用。

第二,发挥骨干搞好军事训练的小教员作用。

第三,发挥骨干抓好纪律作风的小检查员作用。

第四,发挥骨干做好安全防事故中的小监督员作用。

第五,发挥骨干做好思想工作的小指导员作用。

2. 要充分发挥骨干的桥梁作用

连队的各种决定、指示、命令等,往往要通过骨干传达和贯彻到战士中去。在执行和贯彻这些决定、指示、命令过程中出现的问题,群众的意见,又通过骨干反馈上来,使全排的各项工作得以不断改进。

3. 要充分发挥骨干的模范带头作用

一个单位建设的好坏,很重要的一个因素是骨干的模范带头作用。有了一批时时处处走在前面的骨干,就可以带动广大战士,齐心协力地做好各项工作。在工作实践中,上级的指示、命令,骨干带头执行;条令条例和各项规章制度,骨干带头落实;各项艰苦工作,骨干带头去完成。有了这些骨干的带头,连队的全面建设就会搞得有声有色。

(二)注重对骨干的选拔与培养

注重对骨干的选拔与培养,是排长做好各项工作的基础。只有选配既精又强的骨干,才能使全排工作充满生机和活力,才能高标准地完成各项任务。如果骨干选配不合理、不得力,就会导致全排的凝聚力不强,工作标准不高,分散排长的精力,给全排建设带来不良影响。

因此,排长在选配和培养骨干时,应注重把握以下几点:

1. 坚持选拔标准

要选拔那些有过硬的军事技术、能够起模范带头作用、善于做好战士的思想和心理疏导工作的优秀士兵。

2. 注重骨干选拔的方法

排长在选拔骨干时通常采取如下方法:

(1)老骨干提名。由于老骨干每天都和战士在一起工作、学习和生活。他们对战士有着更深的了解,哪个战士思想成熟,哪个战士素质好,哪个战士比较全面,他们的心中最有数。因此,排长在选拔骨干时,应十分重视老骨干的意见。

(2)听取战士意见。这是一种发扬民主选拔骨干的

方法。一般来说，战士一致推荐的骨干，通常在军事技术、模范作用和做战士思想工作等方面都是比较突出的。而且由战士自己推荐的骨干，士兵也更容易自觉自愿地服从他们的管理。

(3)试用考察。在老骨干不在位的情况下，排长应充分利用这种机会，有意识地对要培养的骨干对象，采取有目的地交任务、压担子等方法，对其进行试用考察，这样既有利于从实践中选拔骨干，又有利于选拔对象的准确。

(4)上报党支部讨论确定。基层骨干使用要通过党支部集体研究确定人选，并报上级批准。因此，排长在选拔确定骨干后，要及时上报党支部研究讨论。

(5)注重对骨干的培养。骨干选拔确定之后，不能任其自然发展，而应精心培养。具体讲，排长应从以下几个方面入手：

一是要注重提高骨干的理论水平。排长要利用一定的时间组织新骨干学习条令、条例和我军优良带兵传统，学习政治理论、思想工作方法、现代管理理论，为其工作打下良好的理论基础。

二是要注重提高骨干的专业素质。要从本单位的专业技术特点出发，对新骨干组织专门培训，使他们先走一步，达到不仅要会做，而且要会教、会检查、会组织训练、会做思想政治工作。

三是要注重对骨干的传、帮、带。排长要善于利用各种类型的会议,加强对骨干的培养。通过各种类型的会议,教会骨干工作方法、组织方法、训练方法等,使他们从中了解一般的工作程序,掌握工作要领。同时,排长要利用一切时机和工作条件,采取多种方式,向骨干传授工作经验,培养优良作风,帮助骨干克服工作中的困难,消除畏难情绪,总结经验教训等。排长在各项工作中还要为骨干做表率,以自身的形象,影响和教育骨干,带领骨干一起完成上级交给的各项任务。

(三)排长要注重对骨干的使用

骨干作用发挥的好坏,直接影响到排里各项工作的完成。排长在使用骨干方面,应注重做好以下几个方面:

1.合理搭配

排长在骨干配备使用上,根据骨干的性格、特点、专长及各班的具体情况等,进行合理搭配。

2.择长而用

就是根据骨干的长处恰当使用,有什么能力,干什么工作。

美国著名管理学家彼得·德鲁克在《卓有

成效的管理者》一书中提出,卓有成效的管理者在用人时,从来不问"他不能做什么?"而问的是"他能做什么?"第二次世界大战期间,美国陆军参谋长马歇尔将军经常挂在嘴边的一句话也是"此人能够做什么?"知道了一个人能做什么,实质上就知道了他的长处,便于发挥他的优势。

3. 大胆使用

骨干一般都有较强的自尊心和上进心,他们一般不怕上级给他们过多的任务和让他们负更大的责任,但却很怕领导对自己不信任。

因此,作为排长不但要"疑人不用",更要"用人不疑",放心大胆地使用骨干。在交给他们任务的同时,既明确责任,又授予一定的权力,使其产生被信任感。

4. 加强指导

排长在使用骨干时,应注重在思想作风,贯彻执行法规、制度及运用我军优良带兵传统方面指导骨干开展工作。切不可把一些"土政策"与歪点子传给骨干:如简单粗暴、打骂体罚、吃喝哄骗、弄虚作假等,这些做法对基层管理来说都是十分有害的。对骨干在工作中出现的一些问题,要及时帮助他们认真地分析原因,总结经验教训,并找到解决问题的办法。

5.宽严相济

排长对骨干要严格要求,坚持高标准,又要注意维护他们的威信,并主动帮助他们总结经验教训,热情地鼓励他们,使他们勇于实践,不断增长才干。

6.关心爱护

排长要注重关心和体贴骨干,在运用骨干的过程中,要关心他们政治、业务上的进步,体贴他们个人生活、家庭困难等,帮助他们解决一些实际问题。这样,才能激发骨干更大的工作热情,把所担负的工作做得更好。

六、如何胜任海军机关干事、参谋、助理等职务

在海军机关的干事、参谋、助理等职务,要想具有胜任工作的能力需要做到以下5点。

(一)习惯于找方法

(二)树立结果意识

(三)拥有创新思维

(四)主动自发做事

(五)忠诚和负责任

胜任,是努力工作,是积极成为领导的左臂右膀,是从来不找借口而是找方法,是不折不扣地执行并完成上级交付的任务,是对工作怀有一丝不苟的责任心和忠诚度。